보정 생전예수재

보정 생전예수재

초판 1쇄 인쇄 2011년 02월 12일
초판 1쇄 발행 2011년 02월 19일

지은이 | 慧日明照
펴낸이 | 손형국
펴낸곳 | (주)에세이퍼블리싱
출판등록 | 2004. 12. 1(제315-2008-022호)
주소 | 서울특별시 강서구 방화3동 316-3번지 한국계량계측협동조합회관 102호
홈페이지 | www.book.co.kr
전화번호 | (02)3159-9638~40
팩스 | (02)3159-9637

ISBN 978-89-6023-529-8 13220
ISBN 978-89-6023-541-0(전3권) 13220

불교음악 총서 시리즈 2

보정 생전예수재

慧日明照 지음

ESSAY

머리말

『補正 生前預修齋』는 필자의 박사학위논문[1] 「현행 생전예수재와 조선불교 생전예수재 비교 고찰: 의식 절차와 음악을 중심으로」의 부록에 실린 내용을 교육과 생전예수재, 현장 활용 목적으로 재편집한 것이다. 의식 절차는 『釋門儀範』[2] 상권, 156~215쪽에 실린 「預修十王生七齋儀纂要」를 중심으로, 1576년(선조 9) 안동 광흥사와 1631년(인조 10) 경기도 용복사에서 간행한 『預修十王生七齋儀纂要』 등의 영인본을 참고, 비교 · 정리하여 구성하였다.

『보정 생전예수재』의 시연은 2010년 1월 24일 불찬범음연합회 청룡사에 봉행하였는데, 중요무형문화재 제50호 영산재 보유자 구해스님과 약사사 주지 청산스님, 우리 절 주지 동봉스님, 권오성 · 전인평 · 이보영 · 서인화 · 서정매 · 강현정 · 이선 교수님 등이 증명하였고 동방불교대학 교수 현성스님을 비롯해 법해 · 동인 · 법수 · 도휘 · 정각 · 도경스님 등이 참여하였다. 당시, 의식 재현에 참여하였던 모든 스님과 교수님들께 감사함을 전한다.

佛讚梵音研究所長 慧日明照 合掌

1) 노명열, 『현행 생전예수재와 조선불교 생전예수재 비교 고찰: 의식 절차와 음악을 중심으로』(서울: 중앙대학교 대학원 박사학위논문, 2010).

2) 安震湖, 『釋門儀範』(서울: 卍商會, 1935).

차 례

I 補正 生前預修齋[3)]

「補正 生前預修齋」에서는 생전예수재의 진행에 중요한 역할을 담당하는 유치성、개계성 등의 소리와 태징 연주법[4)]을 같이 정리, 설명함으로써 의식 현장에서도 쉽게 활용할 수 있도록 했다. 먼저 유치성과 개계성, 편게성, 소성 등은 2007~09년 녹음、녹화한 구해스님의 소리와 2009~10년 녹음한 현성스님의 소리를 중심으로 삼았으며 이를 2008년, 중앙대학교 대학원 오혁과 2010년, 부산대학교 대학원 서정매의 채보를 중심으로 정리했다. 태징 연주법을 비롯한 사물연주에 관한 표시는 2009년 재 의식 현장에서 수집한 자료와 필자가 지난 10년 동안 숙지한 연주법을 정리했다. 그리고 재 의식, 본문 내용의 이해를 돕기 위해 동봉스님의 우리말 해석본을 같이 소개함으로 생전예수재를 처음 접하는 이들에게 재 의식의 의미와 목적을 올바르게 소개하는 데 중점을 뒀다.[5)]

---

3) 「補正 生前預修齋」는 현행 생전예수재의 부족한 것을 채우고 수정한 것을 의미한다. 본서의 특징은 절차에 관한 것으로 현행 생전예수재에 포함된 영산재 관련 의식을 생략하고 현행 생전예수재 봉행에서 생략된 상단과 중단의 관욕 의식과 각 단의 공양의식을 복원하는 데 중점을 뒀다.

4) 태징 연주법은 필자의 박사학위논문에서 정리한 불교 재 의식에서 연주하는 분류법을 따를 것이다.

5) 소리와 채보 그리고 우리말 해석본을 직접 필자가 하지 않는 이유는 간단하다.

참고로 본 생전예수재 의식 소개를 위해 각 편의 내용을 크게 세 부분으로 나눠 정리하였는데 먼저 "각 편의 음악적 구성"에서는 의식 진행을 위해 구성하는 다양한 창법(唱法)과 악기 연주법 등을 설명하고 다음 "악기 연주를 표시한 본문"에서는 원전 내용을 옮겨 정리하되 소리를 언제, 어느 부분에서 짓는지를 [٩]로 표시했다. 다만, 현행 생전예수재에서 생략된 부분은 원전을 근거로 다시 복원하였는데 이는 1576년 간행된 『예수시왕생칠재의』 영인본에 표시된 소리의 짓는 부분을 참고해서 재현하였다. 더불어 연주하는 악기와 창법 그리고 태징 연주법 등의 명칭을 본문에 표시하고 "각 편의 음악적 이해"를 통해 각 편에서 소리하는 창법을 분석 정리함으로써 의식 전개를 위한 음악적 내용을 소개했다.

구해 · 현성스님은 현행 재 의식을 수십 년 동안 수행해 온 한국 불교계 최고의 범패승이므로 필자와는 비교할 수 없는 정확한 소리 전달과 재현이 가능하다. 또한 음악학을 연구한 경험이 불과 5~6년인 필자가 학위 논문을 위한 개인적인 욕심으로 심오한 불교음악을 어설프게 채보하여 악보로 정리한다면 과연 이 글을 접하는 이에게 굳은 신뢰를 줄 수 있을까? 그러나 한국음악과 서양음악학을 전공하고 현재 작곡과 지휘를 맡아 활동하며 각 대학에서 후학을 양성하고 있는 오혁, 서정매 선생님이 필자와 같이 채보 작업에 참여한다면 그 결과물은 높은 완성도를 보일 수 있다. 또한, 우리말 번역의 동봉스님은 평생을 불전(佛典)의 해석과 집필에 몰두해 온 최고의 불교학자이다. 이와 같은 훌륭한 스승들에 가르침과 참여로 본 내용을 구성한다면 「보정 생전예수재」를 현장에서 봉행하는 데 크게 기여할 수 있을 것으로 여긴다.

1) 찬탄의식(讚嘆儀式): 예수작법준비[6]

조선시대 생전예수재를 봉행하기 위해 먼저 불、보살을 찬탄하는 의식을 봉행한다. 이는 영산작법과 그 목적이 동일하지만 기본적인 찬탄의식만으로 축약한 것이다. 한 가지 짚고 넘어가야 할 것은 현행 생전예수재의 경우 이와 같은 찬탄의식을 영산작법을 통해 이미 행할 수 있다는 데 있다.[7] 그렇기 때문에 만약 기존 현행재 의식에서 이미 영산작법을 통해 찬탄의식을 봉행했다고 가정하면 지금의 찬탄의식은 생략해도 무방하고 영산작법을 생략했다면 반드시 찬탄의식을 봉행해야 할 것으로 여긴다.[8]

분명한 것은 『석문의범』 상권에서 이 부분을 「예수작법준비」(預修作法準備)[9]으로 명시하고 이어 예수재 본 의식으로 진행할 것을 기술하고 있다.

『석문의범』에는 생전예수재를 준비하기 위해 다음과 같이 정리[10]하고 있다.

---

6) 찬탄의식이란 명칭은 존재하지 않는다. 그러나 현행 생전예수재는 본 의식에 들어가기에 앞서 영산작법(靈山作法)에서 이와 동일한 할향、연향게、합장게、고향게 등이 존재하고 있기 때문에 이를 불、보살 찬탄의식으로 여겨 임의로 명칭을 정해 옮긴다. 이것을 『석문의범』에서는 예수작법준비로 명하고 있다.

7) 현행 생전예수재의 의식절차는 다분히 같은 의미의 의식을 반복하고 있다. 지금의 찬탄의식은 앞의 영산작법에 포함된 게송을 바탕으로 하고 있고 시련、신중작법、괘불이운、조전점안 등의 옹호게도 같은 의미를 계속 반복해서 봉행한다. 이와 같은 절차의 구성은 현행 생전예수재가 견기이작형 재임을 증명하는 것이다.

8) 다만 필자는 생전예수재와 영산작법을 독립된 의식으로 보고 있고 독립된 의식이기 때문에 각 의식을 시작하면서 찬탄의식이 존재하는 것으로 이해한다. 다만 본 연구 생전예수재 재현에서는 현행 영산작법을 생략하고 찬탄의식만을 봉행하는 견기이작형으로 구성했다.

9) 安震湖, 『釋門儀範』, 上, 155쪽.

당일 날 법사는 이운하고 향을 사르고 설법하는데 평소와 같이 공양 올리고 축원한다. 돈을 만들기 위해 시왕단 근처에 조전막을 치고 단과 자리를 마련한 후 시왕을 청해 모신다. 중단권공을 하고 회향진언을 한 뒤 다시 고사단 앞에 이르러 조용히 자리를 잡고 앉는다. 이때 일곱 번 종을 내리고 법라를 세 번 불고 발을 한 번 친 뒤 상번이 창한다.[11)]

위의 설명은 생전예수재 찬탄의식의 시작에 앞서 당일 재 의식을 준비하기 위한 과정을 설명한 것으로 명부세계에 바칠 전생 빚을 시왕단 근처에서 만들고 법사가 고사단 앞에 자리하고 앉으면 의식을 시작하는 것으로 설명하고 있다. 이때 주의해야 할 것이 '고사단 앞에 이르러'를 고사단에 돈을 옮기고 의식을 시작하는 것으로 이해해서는 안 된다.

[그림 1] 생전예수재 찬탄 · 준비의식[12)]

10) 동봉정휴, 『일원곡』, 제7권, 140쪽.

11) 當日法師移運 及 拈香說法 勸供祝願如常 錢幕 置於十王壇近處而十王請座後奉獻各位 次 中壇勸供 至 回向眞言 返呈于 庫司壇前云 轉鍾七下 鳴螺三旨 鳴鈸一宗后 上番唱. 安震湖, 『釋門儀範』, 上, 155쪽.

12) 2010년 1월 24일 서울 불찬범음연합회 청룡사에서 봉행한 조선시대 생전예수재 복원 법회에서 의식 전 예수작법준비절차를 위해 범패승이 태징을 연주하며 시작을 알리고 이어 합장게를 염송하고 있다. 출처: 부산대학교 서정매, 불찬범음연합회 총무 이종기.

(1) 찬탄의식 태징 연주법

찬탄의식에서 사용하는 태징 연주법은 [시작쇠 II]、[세망치]、[몰아뛰기]、[거불、연결쇠] 등이다. 특히 이와 같은 태징법은 앞에서 설명한 괘불이운과 영산작법의 태징 반주법과 그 구성이 동일한데 이는 지금의 찬탄의식이 곧 영산작법의 축약된 구성으로 진행하기 때문으로 여긴다. 찬탄의식에선 무용 반주를 포함하지 않는다.

(2) 태징법을 표시한 찬탄의식

[시작쇠 II]

一片栴檀沒價香**[세망치]**
일 편 전 단 몰 가 향

須彌第一最高崗**[세망치]**
수 미 제 일 최 고 강

六銖通遍熏沙界
육 수 통 변 훈 사 계

萬里伊蘭一様香**[거불 · 연결쇠]**
만 리 이 란 일 양 향

(燃香偈) 
연 향 게

戒定慧解知見香**[세망치]**
계 정 혜 해 지 견 향

遍十方刹常氛馥[세망치]
편 십 방 찰 상 분 복

願此香烟亦如是 熏現自他五分身[거불 · 연결쇠]
원 차 향 연 역 여 시 훈 현 자 타 오 분 신

(三志心)
삼 지 심

志心歸命禮十方常住一切 佛陀耶衆[세망치]
지 심 귀 명 례 시 방 상 주 일 체 불 타 야 중

志心歸命禮十方常住一切 達摩耶衆[세망치]
지 심 귀 명 례 시 방 상 주 일 체 달 마 야 중

志心歸命禮十方常住一切 僧伽耶衆[거불 · 연결쇠]
지 심 귀 명 례 시 방 상 주 일 체 승 가 야 중

唯願慈悲哀愍受我頂禮[세망치]
유 원 자 비 애 민 수 아 정 례

(合掌偈)
합 장 게

合掌以爲花[세망치]
합 장 이 위 화

身爲供養具[세망치]
신 위 공 양 구

誠心眞實相
성 심 진 실 상

讚歎香煙覆[세망치]
찬 탄 향 연 복

(告香偈)
고향게

香煙遍覆三千界[세망치]
향연편복삼천계

定慧能開八萬門[세망치]
정혜능개팔만문

唯願三寶大慈悲
유원삼보대자비

聞此信香臨法會[몰아뛰기]
문차신향임법회

2) 통서인유편(通叙因由篇)

통서인유편은 비로소 현행 생전예수재 본 의식 절차가 시작하는 것으로 볼 수 있다. 그리고 이는 조선시대 생전예수재의 시작으로도 여길 수 있다. 그러므로 지금까지 앞에서 설명한 의식은 모두 지금부터 설행하는 생전예수재 본 의식을 위한 것으로서 넓게는 생전예수재를 봉행하기 위한 준비 과정에 해당한다고 볼 수 있다. 참고로 『예수시왕생칠재의찬요』에서는 앞에서 설명한 의식 중 찬탄의식은 예수재를 위한 준비 과정이고 지금부터 본 의식이 시작함을 알리고 있다. 통서인유편에서는 설판재자가 복과 수명이 늘어나길 발원하고 더불어 다음 생애엔 극락세계에 왕생하길 서원하는 내용이 담겨 있으며 올바른 법식을 준수하며 생전예수재를 봉행함을 부처님께 고(誥)한다.

(1) 통서인유편 음악적 구성

통서인유편은 태징 연주를 포함하지 않는다. 이는 생전예수재가 주로 유치성과 개계성 등, 독(獨)소리 중심으로 진행하기 때문이다. 통서인유를 비롯한 생전예수재 본 의식 절차 중 상단과 중단에서는 대부분 불、보살 전에 재 의식을 설판한 연유를 밝히거나 참여한 동참자의 발원내용을 담고 있다. 다만, 진언을 염송할 때 요령을 흔들며 소리한다. 통서인유편의 음악적 구성은 유치성을 중심으로 진행하며 독소리가 끝난 후 법주스님이 요령을 흔들며 일자일타 형식으로 진언을 독송한다.

(2) 악기연주를 표시한 통서인유편

[13]通叙因由(篇)[14] **[유치성]**
통 서 인 유 편

盖聞ㄟ 如來臨人涅槃 開建生七之大軌 瓶沙卽 登寶
개 문 여 래 임 인 열 반 개 건 생 칠 지 대 괴 병 사 즉 등 보

位 預修十王之眞儀ㄟ 由是 法筵無滞 含識有依ㄟ 賢
위 예 수 시 왕 지 진 의 유 시 법 연 무 체 함 식 유 의 현

---

13) 먼저 법주스님이 요령을 길게 한 번 흔들어 연주한 다음 "통서인유"를 소리하고 이어 독(獨)소리, 유치성으로 의식을 설판한 이유를 부처님께 고한다. 참고로 진언이나 명칭 앞에 있는 요령 연주는 길게 한 번 흔들어 연주함을 의미하고 이어 명칭이나 진언 뒤에 위치한 요령은 일자일타의 형식으로 연주함을 의미한다. 만약 예외적인 것이 있다면 추가로 설명하겠다.

14) 생전예수재의 각 편은 제목을 표시하고 있다. 물론 괄호의 "편"은 소리하지 않지만 각 편의 제목은 반드시 소리하는 특징이 있다.

愚貴賤之徒 爲 存亡而大布弘持 牢獄幽沈之輩 蒙
우귀천지도 위 존망이대포홍지 뇌옥유침지배 몽

悲澤而息苦停酸 可謂 慈雲廣被 法雨遐霑 其 利
비택이식고정산 가위 자운광피 법우하첨 기 이

濟也喩之莫論 其 獲益也 算之奚窮 非惟一身 獨超
제야유지막론 기 획익야 산지해궁 비유일신 독초

三界 亦乃 福資四生 恩霑九類 此之大事 實 不可議
삼계 역내 복자사생 은첨구류 차지대사 실 불가의

是夜 卽有大檀信 某道某郡 某面某洞 居住 齋者某
시야 즉유대단신 모도모군 모면모동 거주 재자모

人伏爲 現增福壽當生淨刹之願 式遵科儀 預修十王
인복위 현증복수당생정찰지원 식준과의 예수시왕

生七之齋 以 今月今日 就於某寺 以 大信心發菩提
생칠지재 이 금월금일 취어모사 이 대신심발보리

願 捨 世間之珍財 建 冥王之勝會 食陳百味 法演
원 사 세간지진재 건 명왕지승회 식진백미 법연

三乘 伏願 大聖大慈 三身大覺 大權大化 諸位冥官
삼승 복원 대성대자 삼신대각 대권대화 제위명관

俯賜加持 悉令圓滿
부사가지 실령원만

淨三業眞言 〈평염불〉
정삼업진언

옴 사바바바 슈다살바 달마 사바바바 수도함 (3번 반복)

唵 舍婆婆婆 修多薩婆 達摩 舍婆婆婆 修道含

戒度塗掌眞言 〈평염불〉
계 도 도 장 진 언

옴 아모까 자라미망그 소로소로 사바하 (3번 반복)

唵 阿暮佉 自羅未罔旣 素魯素魯 娑婆訶

三昧耶戒眞言 〈평염불〉
삼 매 야 계 진 언

옴 삼매야 살따밤 (3번 반복)

唵 三昧耶 薩陀鑁

(3) 통서인유편의 음악적 이해

통서인유편은 템포 ♩.=46으로 매우 느린 빠르기이다. 다만 악곡 중간 부분에 속도가 조금씩 바뀌는 부분도 생기지만, 전체적으로는 ♩.=46의 속도로 이루어져 있다.

일정한 박자가 없고 호흡으로 단락이 지어지는데, 다만 한 박은 ♩., 점4분음표로 이루어져 있다. 전체적으로 유치성으로 이루어져 있으며, 총 15번의 짓소리가 나타나는데, 대부분 문장의 끝부분에서 소리된다. 다만 유치성이기 때문에 15번의 짓소리는 같은 소리가 아니라 짓는 소리마다 각각 차이가 있다.[15] 본문에서는 통서인유편에 나타나는 15번의 짓소리 중에서 네 가지 정도의 짓소리를 분석하여 음악적 특징을 살펴보려 한다.

---

15) 이는 원래 유치성이 짓는 소리가 일정치 않기 때문이기도 하다.

먼저 통서인유편의 음정을 살펴보면, 최저음이 c'(미)이고, 최고음은 $b^{\flat'}$(레)로 구성되어, 곡 전체가 한 옥타브 이내의 음역으로 이루어져 있다. f'(라)가 중심음으로 가장 빈도수가 높으며, 짓는 소리도 주로 중심음 f'(라)에서 소리되어진다. 이를 악보로 살펴보면 다음과 같다.

[악보 1] 통서인유편 중 "개문"

소리: 구해(2007)
채보: 오혁(2008)

통서인유편의 첫 부분에 나타나는 짓소리 "개문"의 부분이다. 그러나 이 부분에서는 첫 부분이어서인지, 짓소리를 하지 않고 간단히 올리고 내리며 물 흐르는 듯이 소리한다. 이는 유치성의 특징으로 여길 수 있는데 유치성은 가사에 따라 짓는 것이 일정하지 않고 고하자에 따라 소리를 높이고 내리는 것을 반복한다. 이후 두 번째 짓소리부분인 "예수시왕지진의"의 악보를 보면 다음과 같다.

[악보 2] 통서인유편 중 "예수시왕지진의"

소리: 구해(2007)
채보: 오혁(2008)

맨 끝 글자부분인 "의"에서부터 짓소리는 시작된다. 그러나 소리된 발음은 "의"가 아니고 "제를"로 하여 짓소리가 이루어지고 있다.16) "를"소리를 '라'음으로 길게 쭉 빼어 주고 나서 '라솔미'로 짧게 하행하여 반종지를 이루고, 이후 다시 중심음 '라'를 반복하여 소리 내고 다시 '라솔미'의 짧은 하행으로 종지를 이룬다. 즉 두 번째 짓소리는 전형적인 메나리토리의 선법구조로, 짧은 '라솔미'의 4도 하행진행으로 이루어져 있다. 이어서 세 번째 짓소리인 "함식유의"를 악보로 보면 다음과 같다.

[악보 3] 통서인유편 중 "함식유의"

소리: 구해(2007)
채보: 오혁(2008)

---

16) 이런 부분은 짓소리를 할 때 모음이 변화하기 때문에 자주 나타나는 현상이기도 하다.

"함식유의"에서는 앞의 "예수시왕지진의"에서처럼 4도 하행구조만으로 소리된 것이 아니라, 훨씬 더 다채롭고 화려하게 소리가 지어진다. 즉 '라솔미'로의 4도 하행 이전에 중심음 '라'음이 4도 상행을 하면서 최고음의 소리를 만들어 낸 뒤, 이후 "예수시왕지진의"의 소리와 같이 다시 4도 아래로 하행을 하며 메나리토리의 선법구조가 이루어지고 있다. 마지막으로 통서인유편 중 13번째의 짓소리부분인 "명왕지승회"를 악보로 살펴보면 다음과 같다.

[악보 4] 통서인유편 중 "명왕지승회"

소리: 구해(2007)
채보: 오혁(2008)

13번째 짓소리부분인 "명왕지승회"부분은 마지막 글자인 "회"의 발음이 정확히 내지 않은 채 바로 짓소리로 이어진다. 앞의 세 짓소리와는 달리, '라솔미'의 4도 하행이 아닌, '라솔'로서 종지된다. 즉 '미'가 생략되어 '솔'로 종지되면서 '솔'음이 강조된다. 이후 중심음 '라'에서 3도 상행되어 자출하다가 다시 '라'음에서부터 4도 아래로 하행되고, 이어서 중심음 '라'가 길게 소리되어지다가 3도 위로 반종지한다. 이는 이전의 세 가지 짓소리의 종지형과는 확연히 차이 나는 부분이라 하겠다.

이상 통서인유편의 짓소리부분을 살펴보았는데, 소리를 짓는 부분은 총 15번이며 같은 형태로 반복되는 것이 아니라 가사에 따라 제각각 달라지는데 이것이 곧 유치성의 특징이라 정의할 수 있다.

3) 엄정팔방편(嚴淨八方篇)

생전예수재를 봉행하는 본 도량(道場)을 관세음보살님의 위신력으로 청정하게 하기 위한 의식이다. 먼저 상단에 의식이 원만하게 봉행될 수 있기를 발원하고 이어 관세음보살을 찬탄、청한 후 일체 장애가 없도록 기원한다. 또한 참석한 모든 대중이 의식이 진행되는 동안 일체 마장이 침범하지 못하도록 스스로를 참회하고 계를 수지한다.

(1) 엄정팔방편의 음악적 구성

엄정팔방편은 관세음보살을 청하고 도량을 청정하게 하기 위한 목적이 담겨 있기 때문에 천수바라무와 도량게 나비무 등을 포함하여 진행한다. 더군다나 복청게와 같은 홑소리를 담고 있기 때문에 불교의식을 이해하는 데 중요한 역할을 한다. 엄정팔방편을 통해 법사스님께 법문을 청하여 생전예수재에 관한 역사적 의의와 그와 관계있는 내용을 사부대중이 전함으로써 보다 쉽게 생전예수재를 이해하게 하고 신심을 북돋을 수 있게 한다. 음악적 전개는 태징이 담당하고 있지만 천수바라무와 도량게 나비무에선 태징을 비롯한 소북、목탁、태평소 등의 악기를 연주한다. 소리는 개계성으로 진행한다.

(2) 악기연주를 표시한 엄정팔방편

嚴淨八方(篇) (엄정팔방편) **[개계성]**[17]

詳夫 聖壇旣啓 佛事方陳 將 法水以加持 灑 道
상부 성단기계 불사방진 장 법수이가지 쇄 도

場 而淸淨 蕩諸穢汚 袪衆魔邪 凡 隨禱而感通 在
량 이청정 탕제예오 거중마사 범 수도이감통 재

所求而成就 下有灑淨護魔陀羅尼 謹當宣念
소구이성취 하유쇄정호마다라니 근당선념

〈평염불〉

나무 사만다 못다남 옴 호로호로 지따지따 반다반다
하나하나 아니제 훔바탁 (3번 반복)
南謨 舍曼多 沒陀南 唵 虎魯虎魯 地陀地陀 般多般多
何那何那 阿尼帝 吽婆吒 **[염불마침쇠]**[18]

---

17) 개계성은 상주권공ㆍ각배ㆍ영산 등에서 나오는 상부개계(詳夫開啓)ㆍ원부개계(原夫開啓)ㆍ대개계(大開啓) 등을 염송할 때 하는 소리의 한 형태로 유치성의 불규칙적인 소리와는 차별되게 규칙적인 소리의 반복이 특징이다. 특히 생전예수재 소(疏)와 관계있는 독소리의 경우 주로 유치성과 개계성이 혼합된 형식으로 이뤄져 있다.

18) 마지막 세 번 반복에서 마칠 때 연주한다.

(觀音讚)
관음찬

返聞聞性悟圓通[세망치]
반문문성오원통

觀音佛賜觀音號[세망치]
관음불사관음호

上同慈力下同悲
상동자력하동비

三十二應遍塵刹[몰아뛰기]
삼십이응변진찰

(觀音請)
관음청

南無 一心奉請 19)千手千眼 大慈大悲 觀自在
나무 일심봉청 천수천안 대자대비 관자재

菩薩 摩訶薩 惟願不違本誓 哀愍有情 降臨道場 加持
보살 마하살 유원불위본서 애민유정 강림도량 가지

呪水[거불쇠]
주수

次 香花請 三次后 (三次 願降道場 受此供養 來臨偈)
차 향화청 삼차후 삼차 원강도량 수차공양 내림게

(歌詠)
가영

一葉紅蓮在海中[세망치]
일엽홍련재해중

碧波深處現神通[세망치]
벽파심처현신통

---

19) 요령을 일자일타 형식으로 흔들며 연주하되 소리는 홑소리로 한다.

昨夜寶陀觀自在
작야보타관자재

今日降赴道場中[세망치]
금일강부도량중

(乞水偈)
걸수게

金爐芬氣一炷香[세망치]
금로분기일주향

先請觀音降道場[세망치]
선청관음강도량

願賜甁中甘露水
원사병중감로수

消除熱惱獲淸凉[세망치]
소제열뇌획청량

(灑水偈)
쇄수게

菩薩柳頭甘露水[세망치]
보살유두감로수

能令一滴灑塵方[세망치]
능령일적쇄진방

腥膻垢穢盡蠲除
성전구예진견제

令此道場悉淸淨[거불 · 연결쇠][20]
영차도량실청정

---

20) 거불쇠로 마친 후 다음 진언으로 연결하기 때문에 이때 연결은 <평염불>로 해야 한다.

〈평염불〉

나무 사만다 못다남 옴 호로호로 지다지다 반다반다 하나하나 아니게 훔바탁 (3번 반복)

南謨 舍曼多 沒陀南 唵 虎魯虎魯 地陀地陀 般多般多 何那何那 阿尼帝 吽婆吒 **[염불마침쇠]**

(三說 卽唱 伏請偈 次 四方讚 嚴淨偈 懺悔偈 燃臂擧
삼설 즉창 복청게 차 사방찬 엄정게 참회게 연비거

揚后 說法可也 忙則除之)
양후 설법가야 망즉제지

〈평염불〉

開壇眞言[21]
개단진언

옴 바아라 노아로 다가다야 삼마야 바라베 사야훔

唵 婆我羅 老我魯 陀加陀夜 三昧耶 婆羅吠 塞夜吽

建壇眞言
건단진언

옴 난다난다 나지나지 난다바리 사바하

唵 難多難多 那地那地 難多婆里 娑婆訶

結界眞言
결계진언

21) 개단진언부터 결계진언까지 각 진언은 모두 세 번 반복한다.

옴 마니미야예 다라다라 훔훔 사바하

唵 摩尼尾野禮 陀羅陀羅 吽吽 娑婆訶 **[염불마침쇠]**

(3) 엄정팔방편의 음악적 이해

엄정팔방편에서는 통서인유편에 비해 1/4정도의 짧은 가사로 이루어져 있고 짓는 부분이 모두 7번 나타난다. 짓는 소리는 모두 개계성으로 진행한다. 이 중 첫 번째 부분부터 4번째 부분까지의 짓소리를 분석하고자 한다. 먼저 첫 시작부분인 “상부”부분을 악보로 보면 다음과 같다.

[악보 5] 엄정팔방편 중 “상부”

소리: 구해(2007)
채보: 오혁(2008)

필자가 수집한 자료에서는 “상부”의 가사에서 ‘상’은 빠지고, ‘부’에서부터 녹음이 시작되었는데, “부”에서 짓소리가 나타난다. 엄정팔방편에서 첫 짓소리가 되는 “상부”는 중심음인 f'(라)로 시작하여 중심음을 계속 잦은 소리로 강조를 한다. 이는 상부개계성에서 등장하는 잦은 소리로 보인다. 즉, 위에서 아래로 3도 위인

$a^{\flat'}$(도)로 시작하여 3도 아래인 f'(라)로 잦아들어 중심음을 강조하게 되는데, 그 이후에는 다시 f'(라)에서 $a^{\flat'}$(도)로 상행하여 앞에서 나온 잦는 소리의 역행이 나타나 음악적인 대칭이 이루어진다. 이후 곧 "라솔미"로 반종지하는데, 이 때 메나리조의 특징이 반종지에 나타나 있다. "상부"의 경우 앞 통서인유편에서 보이던 유치성의 형태와는 차별되는 개계성으로 소리를 지어 시작함을 알 수 있다.

두 번째 "성단기계 불사방진"의 짓는 소리를 악보로 보면 다음과 같다.

[악보 6] 엄정팔방편 중 "성단기계 불사방진"

소리: 구해(2007)
채보: 오혁(2008)

"방진"부분에서도 중심음 f'(라)를 중심으로 3도 위인 $a^{\flat'}$(도)에서 f'(라)로 소리를 잦아내고 이후 '라솔미'로의 4도 아래의 하행으로 반종지하는데, 반종지는 두 번 반복된다. 이와 같은 형태는 이미 엄정팔방편의 시작 "상부"에서 확인하였는데 이와 같이 가사를 달리하더라도 그 형태를 동일하게 유지하며 소리를 짓는 것이 전형적인 개계성의 특징인 것을 확인할 수 있다. 이어지는 세 번째 짓소리인 "법수이가지"도 개계성의 형태로 진행하는데 이를 악보

로 보면 다음과 같다.

[악보 7] 엄정팔방편 중 "법수이가지"

소리: 구해(2007)
채보: 오혁(2008)

중심음 f'(라)음이 길게 이어지며, 3도 위인 a♭'(도)로 상향으로 소리를 잦아내고, 이후 '라솔미'로의 하행으로 이어지는데, 이러한 반종지는 두 번 소리를 지어 반복되며, 미로 종지한다. 상행으로 잦아내는 소리가 특징이 되는데 이 또한 개계성의 특징으로 볼 수 있다. 이는 다음의 "쇄 도량 이청정"에서 확인할 수 있다.

[악보 8] 엄정팔방편 중 "쇄 도량 이청정"

소리: 구해(2007)
채보: 오혁(2008)

"쇄 도량 이청정"에서는 길게 소리가 지어진다. 즉 2분 음표가 둘 나타나서 중심음을 강조를 하고, 짧은 음표로 소리가 점점 짧게 잦아들면서 '라솔미'로 하행을 한다. 마치 올림목탁의 소리를 내듯

느리게 시작하여 점점 빨라지는 형태라 할 수 있는데, 이는 곧 점점 빨라지는 듯하다가 '라솔미'로 반종지하여 해소가 된다. 특히 종지음 '미'는 3도 윗소리인 '솔'로 꾸며져서 짧은 '솔'음에서 '미'로 종지되어 메나리조의 느낌이 더욱 강해진다. 이와 같은 형태는 유치성의 특징으로 확인할 수 있는데 같은 짓소리 표시가 있다고 하더라도 유치성과 개계성이 혼합하여 소리를 이루고 있고 이는 소리의 높낮이를 표시한 고하자의 영향과 창자에 의해 쉽게 변화할 수 있다. 엄정팔방편은 이러한 짓소리의 패턴이 전체적으로 반복되어 나타난다.

4) 주향통서편(呪香通序篇)

발원문의 형식을 바탕으로 구성된 주향통서편은 향을 올림으로 일체 중생이 깨달음을 얻을 수 있도록 발원내용을 담고 있다. 소리의 구성은 유치성과 개계성이 혼합된 형식으로 진행하는데 이는 재 의식의 소리가 의식을 진행할수록 보다 화려해지는 특징으로 이해할 수 있다. 한 가지 아쉬운 점은 현행 생전예수재의 경우 주향통서편부터 개탁성이 보인다는 점이다. 즉, 시간 제약으로 소리를 축소하는 형식이 보이는데 이는 현행 견기이작형 재 의식에서 흔히 접할 수 있는 부작용으로 꼽을 수 있다. 안타까운 것은 이와 같이 소리를 짓지 않고 진행하는 점에 대해 대부분 범패승이 당연히 받아들이고 있는 점이다.

(1) 주향통서편의 음악적 구성

주향통서편은 창자의 발원과 이어 진언만을 세 번 반복하고 있기 때문에 악기의 구성은 요령만으로 진행한다.

(2) 악기연주를 표시한 주향통서편

呪香通序(篇) [유치성] · [개계성]
주향통서편

切以 百和氤氳 六銖馥郁 纔爇一爐之上 普熏諸刹
절이 백화인온 육수복욱 재설일로지상 보훈제찰

之中 結 瑞靄以爲臺 聚 祥烟而作盖 爲雲爲雨 興
지중 결 서애이위대 취 상연이작개 위운위우 흥

福興祥 十方諸聖無不 聞三有衆生無不度 今者焚
복흥상 시방제성무불 문삼유중생무부도 금자분

香 有 陀羅尼 謹當宣念 願令普熏 遍周沙界
향 유 다라니 근당선념 원령보훈 변주사계

焚香眞言 [22]
분향진언

옴 도바시계 구로 바아리니 사바하

唵 度婆是計 求魯 婆我里尼 娑婆訶

22) 일자일타 형식으로 진언을 세 번 반복한다.

(3) 주향통서편의 음악적 이해

주향통서편은 가사가 길지 않고 엄정팔방편과 같이 짧은 내용으로 이루어져 있다. 짓소리 부분도 엄정팔방편과 같이 7번 나타난다. 소리의 특징은 유치성과 개계성이 혼합된 형태로 나타나는데 악보를 통해 소리를 짓는 몇 부분을 살펴보면 다음과 같다.

첫 번째 부분인 "절이"의 악보이다.

[악보 9] 주향통서편 중 "절이"

소리: 구해(2007)
채보: 오혁(2008)

첫 번째 짓는 부분인 "절이"는 은 길게 소리를 이어 가는 특징이 있는데 이는 엄정팔방편의 시작 "상부"와 흡사하다. 중심음 f'(라)가 2분음표로 느리게 시작하여 4분음표(♩), 8분음표(♪), 16분음표(♬)로 점점 짧은 시가로 잦아들다가 '라솔미'로 하행종지를 한 후, 다시 '도 라솔미'로 하행을 한 번 더 반복한다. 메나리조의 특성이 잘 드러나 있다. 개계성의 특징인 것을 알 수 있는 대목이다. 그러나 두 번째 짓는 부분인 "백화인온 육수복욱"에서는 유치성과 개계성을 형식으로 진행함을 알 수 있는데 이를 악보로 확인하면 다음과 같다.

[악보 10] 주향통서편 중 "백화인온 육수복욱"

소리: 구해(2007)

채보: 오혁(2008)

먼저 "백화"는 전형적인 유치성으로 구성되어 진행하다가 이어 "복욱"에서 개계성으로 바뀌어 소리를 이어간다. 이는 생전예수재의 음악적 구성을 엿볼 수 있는 것으로 통서인유편에서는 유치성을, 엄정팔방편에서는 개계성으로 소리를 구성하고 이어지는 주향통서편에서는 유치성과 개계성을 혼합하여 진행하는 불교음악을 구성하는 독특한 형식으로 여길 수 있다.23) 특히 "복욱"에서는 소리를 짓고 있지만 소리를 "우"로 시작하여 "헤에헤" 등으로 이어가며 마지막을 "윽"으로 소리하는 특징을 가지고 있다. 이는 일반적인 홑소리와 짓소리 등의 염불에서도 쉽게 발견되는데 받침이 있는 가사를 소리로 이어가는 특징으로 볼 수 있다. 주향통서편에서는 짧은 시가로 f'(라)의 동음반복이 계속 나타나며 '라솔미'로의 반종지, 그리고 다시 조금 긴 시가로 '라솔미'의 종지가 나타나는데, 이는 '라솔미'의 종지형이 강조된 부분이라 하겠다. "백화인온

23) 일반적인 상주권공재의 소리 구성을 보더라도 처음 "할향"에서는 목을 풀어주는 소리를, "등게"에서는 소리를 구성하는 특징 있는 소리를 이어가고 "합장게"에선 "등게"에서 나왔던 소리를 반복하며 소리를 습득하기 쉽도록 이어간다. 또한 "복청게"에서 "합장게"의 소리를 반복하여 소리를 잊지 않도록 구성한다.

육수복욱"은 유치성의 형태로 진행한다. 6번째의 짓소리 부분인 "시방제성무불 문삼유중생무불도"의 "부도"부분을 악보로 보면 다음과 같다.

[악보 11] 주향통서편 중 "~무불도"

소리: 구해(2007)
채보: 오혁(2008)

"~무불도"부분에서도 모음변화가 일어나서 '에이에'로 발음되며 소리가 지어진다. 중심음 f'(라)가 2분음표의 긴소리로 반복되면서 8분음표로 짧게 끊어주는데, 3도 위인 $a^{\flat'}$(도)가 앞 짧은 꾸밈음으로 중심음 f'(라)를 강조하며 소리를 꾸며주고, 이후에는 f'(라)가 $a^{\flat'}$(도)를 꾸며주면서 다시 2분음표의 긴 시가로 중심음이 강조되고는 '라솔미'로 하행된다. 그리고 '라솔미'는 다시 긴 시가로 반복되어 종지형을 이루는데, 이 때 '솔'이 두 번이나 나타나 종지음 '미'를 꾸며주게 되면서 메나리조의 느낌을 더욱 자아낸다. "무불도"에서는 "에이에"를 시작으로 짧게나마 개계성이 보인다.

그리고 마지막 부분인 7번째의 짓소리 "~변주사계"를 악보로 살펴보면 다음과 같다.

[악보 12] 주향통서편 중 "~변주사계"

소리: 구해(2007)
채보: 오혁(2008)

주향통서편의 마지막 짓소리 부분인 "~변주사계"에서는 가장 화려하게 소리가 지어진다. 이는 개계성의 형식이 보이기 때문으로 먼저, 가장 저음인 미가 종지로 나타나는 것은 앞에서도 계속 나온 부분이지만, 최고음인 b♭'(레)가 출현하여 곡의 클라이맥스를 드러내어 소리가 훨씬 화려하게 표현되는 음악적인 부분이다. 또한 저음에서 출발하여 점점 최고음으로 올라가서 다시 저음으로 내려오는데, 이 때 최저음 '미'는 종지선율임을 강조하듯 온음표로 저음을 쭉 빼어주어 곡의 깊이를 더해준다. 중심음 f'(라)는 긴 시가에서부터 점점 짧은 시가로 변하면서 최고음인 b♭'(레)로 이동하며, 반대로 최고음에서는 짧은 시가에서 점점 긴 시가로 바뀌면서 최저음으로 이어진다.

결국 주향통서편은 중심음 f'(라)로 시작하여 최저음인 c'(미)로 종지되는 메나리조의 선율구조로, 특히 최저음을 종지에서 긴 시가로 강조된 부분은 곡의 엄숙함과 장엄성을 보여주는 부분이라 하겠다. 다만 아쉬운 부분이 있다면 주향통서편부터 개탁성이 나타난다는 것이다. 개계성을 줄여서 가사를 읽어 내려가는 형태인 개탁성은 현행 생전예수재를 진행할 경우 시간을 단축하기 위한 방편으로 주로 쓰이는데 현행 생전예수재 본 의식이 시작한 후 범패승에 따라서는 이와 같은 개탁성으로 의식을 진행하는 예가 많다.

5) 주향공양편(呪香供養篇)

향을 올림으로 일체중생이 깨달음을 얻도록 발원한 주향통서편에 이어 네 가지 상서로운 계향과 정향, 혜향, 혜탈향을 일체성현을 비롯한 현자와 영혼에게까지 공양 올리는 의식이 주향공양편이다.

(1) 주향공양편의 음악적 구성

주향공양편의 소리 구성은 앞에 소개한 각 편과는 다른 형태를 띠고 있다. 즉, 상단에 유치성이나 개계성의 소리 구성이 아닌 예경 형식으로 진행하는데 이는 글자의 높낮이를 잡아 천천히 읽어가는 형식을 말한다. 그러므로 유치성이나 개계성과 같은 짓는 소리로 구성하여 진행하지 않는다. 물론 악기도 연주하지 않는다.

(2) 악기연주를 표시한 주향공양편

呪香供養(篇) [예경성]
주 향 공 양 편

戒香 定香 慧香 解脫香 解脫知見香 光明雲臺 周遍
계향 정향 혜향 해탈향 해탈지견향 광명운대 주변

法界 供養十方無量佛 供養十方無量法 供養十方無
법계 공양시방무량불 공양시방무량법 공양시방무

量僧 又復供養十方無量眞宰 三界一切萬靈 伏願 見
량승 우복공양시방무량진재 삼계일체만령 복원 견

聞普熏證常樂 法界衆生亦如是 摩訶般若婆羅密ᄋ[24]
문 보 훈 증 상 락 법 계 중 생 역 여 시 마 하 반 야 바 라 밀

(3) 주향공양편의 음악적 이해

주향공양편은 촘촘히 엮어 부르듯 전체적으로 염불성, 즉 예경성으로 이루어진 부분이지만, 마지막 가사인 '반야바라밀'에서 단 한 번 지어 소리한다. 악보로 살펴보면 다음과 같다.

[악보 12] 주향공양편 중 "마하반야바라밀"

소리: 구해(2007)
채보: 오혁(2008)

"마하반야바라밀" 이전의 짓는 부분을 유치성이나 개계성처럼 길게 소리를 짓지 않고 짧게 소리를 짓는다. 이는 이미 앞부분이 워낙 촘촘한 가사로 짧게 소리를 했기 때문에 이 정도의 짧은 소리 지음도 충분히 강조가 되는 부분이 된다. 전체적으로 8분음표로 일자일음의 구조로 이루어져 있지만, "반야바라밀"의 부분에서는 4

---

24) 현행 생전예수재의 주향공양편은 말 그대로 예경의식과 동일한 소리 구성을 가지고 있지만 1576년 본에는 마하반야바라밀 다음 짓는 표시가 있어 주향공양편도 유치성이나 개계성으로 진행했을 가능성을 배제할 수 없다.

분음표로, 이어서 온음표로 소리를 길게 빼어주고는 '도라솔미'로 종지한다. 이러한 '라솔미'의 4도 하행으로 이어지는 종지선율은 메나리조의 선율형임을 한 번 더 확인시켜 준다. 경함이운의식에서는 "나무마하반야바라밀"의 짓소리가 존재하고 있지만 이는 이운의식에서 소리하는 것으로 현재의 "마하반야바라밀"과는 차별하여 구분해야 한다. 다만 짓는 표시가 있어 과거엔 "마하반야바라밀"을 유치성이나 개계성 등으로 소리를 지었을 것으로 추측할 뿐이다.

6) 소청사자편(召請使者篇)

앞에 소개한 각 편이 생전예수재의 시작(起)에 관한 것이었다면 소청사자편부터 의식의 승(承)에 해당한다. 생전예수재의 목적은 명부성현에게 공양 올리는 것이다. 그러므로 명부성현이 초대받아 본 도량에 강림하기 위해서는 그들을 초청하는 편지를 전해야 하는데 이와 같은 내용을 명부세계로 전달하는 전달자가 바로 흔히 알고 있는 저승사자다. 즉, 명부세계로 보내는 행첩을 사자에게 부탁하려는 목적으로 사자를 청하는 의식이 바로 소청사자편이다.

(1) 소청사자편의 음악적 구성

흔히, 소청사자편에서 염송하는 사자소(使者疏)를 비롯한 유치의 해당 부분은 유치성과 개계성으로 구성되어 있을 것으로 짐작하지만 현행 재 의식에서는 소성(疏聲)[25]으로 진행한다. 물론 유치에서는 유치성과 개계성이 혼합되어 진행하고 있다. 태징 연주법은 [거불쇠]、[마침쇠]、[한망치] 등으로 구성하며 진언과 진령게, 청사에서는 요령을 사용하여 진행한다.

(2) 악기연주를 표시한 소청사자편

召請使者(篇)[거불쇠][26] (轉鍾 及 鳴鈸 后 擧佛)[27]
소청사자편 전종 급 명발 후 거불

南無 十方常住佛[거불쇠]
나무 시방상주불

南無 十方常住法[거불쇠]
나무 시방상주법

南無 十方常住僧[거불쇠]·[마침쇠][28]
나무 시방상주승

(鳴鈸 一宗 讀疏)
명발 일종 독소

---

25) 현행 재 의식에서는 소(疏)를 염송할 경우 상단과 중단 그리고 하단의 구별이 없이 모두 소성(疏聲)으로 진행한다. 이러한 소성의 특징은 가사의 높낮이, 즉 고하자만 잡아서 소리하는 형태로 진행하는데 흔히 대령의식의 대령소(對靈疏)는 불교의식에서 쉽게 접할 수 있다. 다만 이와 같은 형식으로 조선시대에서 진행했었는지는 아직 명확하게 확인하지 못했다.

26) 여기에서의 거불쇠는 의식의 시작을 의미한다.

27) 『석문의범』에 기술된 내용으로 "소청사자편을 시작하기에 앞서 종을 울리고 바라를 울린 후 거불로 들어간다."고 해석할 수 있다.

28) [거불쇠]나 약례 [마침쇠] 중 어느 것으로 연주해도 무방하다.

(使者疏) [소성]
사자소

修設冥司勝會所
수설명사승회소

聞 金人垂相 示 中土之化身 玉教流慈憫 南洲之劣
문 금인수상 시 중토지화신 옥교유자민 남주지열

輩 然 凡情詎通聖意 況 俗體難遭幽關 若欲請召聖
배 연 범정거통성의 황 속체난조유관 약욕청소성

賢 必須假於使者 由是 卽有大韓 某住所居住 某
현 필수가어사자 유시 즉유대한 모주소거주 모

人保體 現增福壽 當生淨刹之願 預修十王生七之齋
인보체 현증복수 당생정찰지원 예수시왕생칠지재

謹命秉法闍梨一員 及 法事僧一壇 以 今月今日
근명병법사리일원 급 법사승일단 이 금월금일

就於何寺 開峙冥司十王道場 約一夜 揚幡發牒 結
취어하사 개치명사시왕도량 약일야 양번발첩 결

界建壇 式遵科儀 特備冥錢 香花燈燭 茶果珍食
계건단 식준과의 특비명전 향화등촉 다과진식

供養之儀 端請
공양지의 단청

年直四天使者 月直空行使者 日直地行使者 時直琰
연직사천사자 월직공행사자 일직지행사자 시직염

魔使者
마사자

右伏以 聰明正直 捷疾持符 其來也 迅若雷奔 其
우복이 총명정직 첩질지부 기내야 신약뇌분 기

去也 速如電急 威風莫測 聖力難思 不違有命之期
거야 속여전급 위풍막측 성력난사 불위유명지기

允副無私之望 今年今月 今日今時 幸乞神慈 同垂
윤부무사지망 금년금월 금일금시 행걸신자 동수

光降 仰惟 至德 俯察愚衷 謹疏
광강 앙유 지덕 부찰우충 근소

年月日 釋迦如來 遺敎弟子 奉行加持 法事沙門 某
연월일 석가여래 유교제자 봉행가지 법사사문 모

謹封
근봉

(振鈴偈)
진령게

以[한망치]此振鈴伸召請
이 차진령신소청

四[한망치]直使者願遙知
사 직사자원요지

願[한망치]承三寶力加持
원 승삼보력가지

今[한망치]夜今時來赴會
금 야금시래부회

召請使者眞言29)
소청사자진언

옴 보보리 가다리 이라가다야 사바하

唵 步步里 可多里 伊羅可陀野 娑婆訶

(由致) [유치성]
유치

切以 無功曰 道 不測曰 神 神而化之 變通罔極 恭
절이 무공왈 도 불측왈 신 신이화지 변통망극 공

29) 일자일타의 연주형태로 진언을 세 번 반복한다.

惟 四直使者 神功浩浩 聖德巍巍 執 冥界之符文 作
유 사직사자 신공호호 성덕외외 집 명계지부문 작

人間之捷使 往返斯須廻旋頃刻 記 四洲善惡之多
인간지첩사 왕반사수회선경각 기 사주선악지다

少 奏 十殿冥王之聖聰 秋毫不忒 正直無邪 若不
소 주 십전명왕지성총 추호불특 정직무사 약불

假於威神 誰能達於至聖 由是 卽有大韓 何道何郡
가어위신 수능달어지성 유시 즉유대한 하도하군

何面何洞 居住 齋者某甲 伏爲 現增福壽 當生淨刹之
하면하동 거주 재자모갑 복위 현증복수 당생정찰지

願 式遵科儀 嚴備冥錢 預修十王生七之齋 以 今
원 식준과의 엄비명전 예수십왕생칠지재 이 금

月今日 就於某寺 水月道場 廣列香花 先爲供養 伏
월금일 취어모사 수월도량 광열향화 선위공양 복

願 俯降香壇 滿慰檀那之願 來臨法會 克符利濟之心
원 부강향단 만위단나지원 내림법회 극부이제지심

前伸讚語 次展請詞 謹秉一心 先陳三請
전신찬어 차전청사 근병일심 선진삼청

一心奉請 神通自在 威德難量 監齋直符四直
일심봉청 신통자재 위덕난량 감재직부사직

使者等 惟願承 三寶力 降臨道場 受此供養
사자등 유원승 삼보력 강림도량 수차공양

(香華請)
향화청

分將報牒膺群機 百億塵寰一念期
분장보첩응군기 백억진환일념기

明察人間通水府 周行迅速電光輝
명 찰 인 간 통 수 부 주 행 신 속 전 광 휘

故我一心 歸命頂禮[마침쇠]
고 아 일 심 귀 명 정 례

(3) 소청사자편의 음악적 이해

사자소에서는 모두 13번의 짓는 부분이 나타난다. 그러나 이전의 짓는 소리와는 차별되게 전체적으로 소리는 짧은 길이로 이루어져 있다. 이는 곧 사자소의 구성이 소성(疏聲)으로 이뤄져 있기 때문이다. 흔히 불교의식에서 접할 수 있는 대령의식의 대령소(對靈疏)와 같이 가사의 높낮이를 기준으로 가사를 읽어 나가고 짓는 부분은 다음의 악보와 같이 지어 소리한다.

[악보 13] 소청사자편 중 "수설대회소"와 "문"

소리: 구해(2007)
채보: 오혁(2008)

사자소의 첫 부분에 나타나는 짓는 소리는 "수설대회소"이다. 『석문의범』에는 "수설명사승회소"라고 기술하고 있지만 현행 재 의식에서는 이를 "수설대회소"라고 소리한다. 또한 사자소, 마지막에

기술되어진 "서가여래 유교제자 봉행가지 법사사문 모 근봉"을 "수설대회소" 앞에서 소리한다.[30] 소리를 짓는 것은 이전의 긴 짓소리와는 달리 소리가 매우 짧게 나타나는데, 이는 앞의 가사가 홑소리로 촘촘히 엮어가기 때문에 조금만 길게 빼어주어도 상대적으로 길게 느껴지기 때문이기도 하다. 이와 같은 특징은 소성이 말 그대로 소(疏)를 읽기 위한 것에 목적을 두고 진행하는 것으로도 볼 수 있다. 중심음 f(라)가 긴 시가로 강조되다가 짧은 시가로 '솔미'로 종지되며, 이어서 곧바로 또 다른 짓는 소리 "문"이 나타나는데, 이어서 나타나는 짓는 소리인 한 글자로 된 '문'도 매우 짧게 소리를 짓는다. 이처럼 짓소리가 연이어 두 번씩 나타나는 것은 '소청사자편'의 특징적인 부분이라 하겠다. 또한 중심음 f(라)는 "~회소"에서와 같이 긴 시가로 강조하여 부르다가 짧은 시가의 '솔미'로 종지하는데, 이는 결국 '라솔미'의 4도 하행선율로 된 메나리조로 여길 수 있다.

[악보 14] 소청사자편 중 "당생정찰지원"

소리: 구해(2007)
채보: 오혁(2008)

"당생정찰지원"의 짓는 소리 역시 짧게 이루어져 있다. 다만 앞

30) 이와 같은 구성은 대령소를 비롯한 일반적인 소(疏)를 염송할 경우 자주 확인할 수 있다.

부분과는 다르게 중심음 f(라)를 2박 정도로 빼어 주다가 '미솔미'로 반종지한다. 즉 '라솔미'의 세 음으로 구성된 단순한 짓소리가 되는데, 다만 중심음 f(라) 앞에 짧은 솔음이 중심음을 꾸며준다. 이러한 짓소리는 뒤에 나타나는 "법사승일단"、"개치명사시왕도량"、"단청"、"시직염마사자"、"윤부무사지망"、"근소" 등 소청사자편의 대부분의 짓는 소리가 짧은 소리의 반복으로 나타난다. 다만 "우복이"의 부분은 좀 더 긴 소리로 소리 지어지는데, 악보로 보면 다음과 같다.

[악보 15] 소청사자편 중 "우복이"

소리: 구해(2007)
채보: 오혁(2008)

"우복이"의 경우에는 '복'과 '이'의 두 부분으로 나뉘어 볼 수 있는데, "복"은 최저음인 c'(미)로 시작하여, 중심음 f(라)를 꾸며 주다가 '라도'로 상행을 하고, '이'는 다시 중심음 f(라)가 길게 강조되면서 '미솔미'로 종지하는 등 산형의 선율형을 이루고 있다. 이외 소청사자편의 대부분의 소리는 모두가 짧은 짓소리로 된 하행 선율형의 메나리조 선법으로 이루어져 있고 이는 생전예수재에 등장하는 소성의 전형적인 형태를 보여주고 있다.

7) 안위공양편(安慰供養篇)

안위공양이란 말 그대로 '편안하게 위로하며 공양 올린다'라는 뜻으로 안위공양편을 통해 명부세계에 행첩을 전달하기 위해 모셔진 사자에게 공양 올리게 된다. 즉, 소청사자편이 사자를 청하기 위한 목적을 염송한 의식이었다면 안위공양편은 사자를 모시고 공양 올리는 의식으로 여길 수 있다.

(1) 안위공양편의 음악적 구성

안위공양편에서 가장 중요한 음악적 구성은 바로 사다라니 바라무와 가지게의 태징 연주이다. 특히, 이 두 연주법은 이후 상、중、하단의 모든 공양의식에 빠지지 않고 등장하기 때문에 생전예수재를 전개하는 가장 중요한 음악적 구성 요소로 꼽을 수 있다. 소리의 구성은 짓는 부분이 있음에도 불구하고 개탁성으로 진행하고 있지만 유치성과 개계성이 혼합된 형태로 진행하는 것이 옳을 것으로 판단한다. 또한 현행 재 의식에서는 행첩소를 읽지 않는 경우가 많아 필자의 현행 자료에는 행첩소에 관한 소리가 빠져 있지만 이는 앞의 소청사자편의 사자소와 같이 소성으로 진행할 것을 주문한다.

(2) 악기연주를 표시한 안위공양편

安慰供養(篇) [유치성]·[개계성][31]
안위공양편

蓋聞 威風挺特 神變難思 應 施主虔恪之心 赴 願
개문 위풍정특 신변난사 응 시주건각지심 부 원

言賁臨於會 如是使者 已屆道場 大衆虔誠 諷誦安
언분림어회 여시사자 이계도량 대중건성 풍송안

座
좌

獻座眞言
헌좌진언

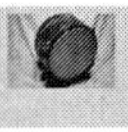

我[한망치]今敬設寶嚴座
아 금경설보엄좌

奉[한망치]獻四直使者前
봉 헌사직사자전

願[한망치]滅塵勞妄想心
원 멸진로망상심

速[한망치]圓解脫菩提果
속 원해탈보리과

옴[한망치] 가마라 승하 사바라
唵 伽摩羅 勝訶 娑婆訶
옴[한망치] 가마라 승하 사바라
唵 伽摩羅 勝訶 娑婆訶

31) 그러나 현행 재 의식의 경우 개계성을 줄여서 소리하는 개탁성으로 진행한다.

옴[한망치] 가마라 승하 사바라[마침쇠]

唵 伽摩羅 勝訶 娑婆訶

〈평염불〉

欲建曼那羅 先誦 淨法界 眞言
욕건만나라 선송 정법계 진언

옴 남

唵 喃

(茶偈)
다게

淸淨茗茶藥 能除病昏沈
청정명다약 능제병혼침

惟冀使者衆
유기사자중

願垂哀納受[세망치]
원수애납수

願垂哀納受[세망치]
원수애납수

願垂慈悲哀納受[거불쇠]
원수자비애납수

進供眞言
진공진언

옴 반좌 사바하

唵 般佐 娑婆訶

[사다라니바라]

(變食眞言 施甘露水眞言 一字水輪觀眞言 乳海眞言
변식진언 시감로수진언 일자수륜관진언 유해진언

心經)
심경

(次五供養) 〈평염불〉
차오공양

上來 加持已訖 供養將陳 以此香羞 特伸供養 香供養
상래 가지이흘 공양장진 이차향수 특신공양 향공양

燃香供養 燈供養 燃燈供養 茶供養 仙茶供養 果供養
연향공양 등공양 연등공양 다공양 선다공양 과공양

仙果供養 華供養 仙華供養 米供養 香米供養 惟願四
선과공양 화공양 선화공양 미공양 향미공양 유원사

直使者 靈祇等衆 哀降道場 不捨慈悲 受此供養
직사자 영기등중 애강도량 불사자비 수차공양

(次 供養呪 回向呪)
차 공양주 회향주

加持偈 以此加持 妙供具 供養四直使者衆 (云云次心
가지게 이차가지 묘공구 공양사직사자중 운운차심

經)[염불마침쇠]
경

(行牒疏) [소성]
행첩소

修設冥司勝會所
수설명사승회소

據 娑婆世界 南贍部洲 海東大韓 某市某洞幾番地
거 사바세계 남섬부주 해동대한 모시모동기번지

居住姓名所伸情志 伏爲現增福壽 當生淨刹之願 預
거주성명소신정지 복위현증복수 당생정찰지원 예

修十王生七之齋 謹命秉法闍梨一員 及 法事僧一壇
수십왕생칠지재 근명병법사리일원 급 법사승일단

以 今月今日 就於某寺 特開冥司 十王道場 約一夜
이 금월금일 취어모사 특개명사 십왕도량 약일야

揚幡發牒 結界建壇 式遵科儀 嚴備冥錢 香花燈燭
양번발첩 결계건단 식준과의 엄비명전 향화등촉

茶果珍食 供養之儀 謹持黃黑二道 普伸迎請 大聖
다과진식 공양지의 근지황흑이도 보신영청 대성

大慈 法報化 三身諸佛 地藏大聖 六光菩薩 道明無毒
대자 법보화 삼신제불 지장대성 육광보살 도명무독

六大天曺 一切聖賢等衆
육대천조 일체성현등중

次及 召請 十大冥王 泰山府君 二十六位判官 三十
차급 소청 십대명왕 태산부군 이십육위판관 삼십

七位鬼王 三元將軍 五道大神等衆
칠위귀왕 삼원장군 오도대신등중

次及 召請 諸位冥官 案列諸司 判官鬼王 善惡二符
차급 소청 제위명관 안열제사 판관귀왕 선악이부

監齋直符 四直使者 牛頭阿房 卒吏諸班 不知名位 難
감재직부 사직사자 우두아방 졸리제반 부지명위 난

思難量 一切眷屬等衆 咸冀 上遵密語 俯鑑精誠 克
사난량 일체권속등중 함기 상준밀어 부감정성 극

於子時之前 仗此加持之力 各依品敍 齊赴法筵 受
어자시지전 장차가지지역 각의품서 제부법연 수

今施主 廣大供養 右仰 四直使者 賫持文牒 上遊
금시주 광대공양 우앙 사직사자 뢰지문첩 상유

天界 下及幽冥 速疾遍請 咸準法筵 不憚劬勞 希
천계 하급유명 속질편청 함준법연 불탄구로 희

毋違滯 謹牒
무위체 근첩

佛應化二千九百 十 年 月 日
불응화이천구백 십 년 월 일

釋迦如來 遺敎弟者 奉行加持 法事沙門 某押**[몰아뛰기]**
석가여래 유교제자 봉행가지 법사사문 모압

(3) 안위공양편의 음악적 이해

안위공양편은 짧은 가사로 이루어져 있다. 짓는 부분도 "개문"、"신변난사"、"원언분림어회"、"풍송안좌" 등, 모두 4번 나타난다. 그러나 수집한 현장자료에서 "개문"과 "풍송안좌"에서 소리를 짧게 짓고 그 외 나머지 가사의 경우 개탁성으로 진행한다. 이를 악보로 살펴보면 다음과 같다.

[악보 16] 안위공양편

소리: 구해(2007)
채보: 오혁(2008)

[악보 16]에서 확인할 수 있듯이 원래 짓는 소리가 되어야 할 부분은 4부분이지만, 이 중 "신변난사"、"원언분림어회"의 부분에서는 소리를 지어 부르지 않고, 첫 번째 부분의 "개문"과 마지막 부분인 "풍송안좌"에만 소리를 지어 불렀다. 본 연구에서 강조하고 있는 소리 복원에 관한 것도 작은 부분이지만 이와 같은 개탁성 형식으로 의식을 진행한다는 것이 시간을 축소하기 위한 방편임을 인지해야 한다. 즉, 이는 정석이 아니라는 것이다.

첫 번째 짓소리인 "개문"은 최저음인 c'(미)에서 4도 위인 f'(라)로 상행하며 소리를 길게 빼어 부르고 다시 최저음 c'(미)로 하행종지를 한다. 즉 부채꼴 모양의 선율형으로 나타나는데, 이는 안위공양편에서 가장 화려하게 소리가 지어지는 부분으로 여길 수 있다. 이 외 마지막 부분의 짓소리는 중심음 f'(라)를 2박자로 빼어주다가 c'(미)로 4도 하행한다. 이러한 종지형은 "신변난사"와 "원언분림어회"에서도 같은 종지 형태로 이뤄져 있다. 즉 '라솔미'의 메나리조의 선율형이 아닌 솔을 거치지 않고 바로 '라'에서 '미'로 떨어지는 하행구조로 되어 있다. 이 부분은 네 번째 짓는 소리에서도 같은 형태로 나타난다. 안위공양편은 이전의 선율형과는 조금 다른 하행선율을 보이고 있다. 그러나 전체적인 선율구조에서는 '솔'을 거쳐서 4도로 하행하는 '라솔미'의 선율구조이므로 메나리조의 선법이다.

짓는 부분에서 소리를 짓지 않는 개탁성의 형식은 곧 현행 생전예수재의 경우 이미 시간 제약으로 인해 소리가 축소되고 있음을 짐작할 수 있는 대목으로도 여길 수 있다.

8) 봉송사자편(奉送使者篇)

생전예수재를 봉행하는 본 도량에 명부세계 성현을 초대하기 위한 목적으로 먼저 사자를 청해 공양 올리고 그들에게 명부성현에게 전하는 행첩을 전달하였다. 봉송사자편은 행첩을 명부세계에 전달하려는 사자를 떠나보내는 의식이다. 특히 봉송사자편에 청장과 물장을 포함시키므로 생전예수재를 봉행하려는 목적이 살아있는 자에게는 복과 수명이 늘어나고, 죽은 자에겐 극락세계에 왕생하길 발원함을 밝히고 있다.

(1) 봉송사자편의 음악적 구성

봉송사자편은 유치성과 개계성이 아닌 편게성으로 진행하는 것으로 확인했는데 무조건 편게성으로 진행하기엔 무리가 따른다. 이는 개계성을 축소한 개탁성과도 많은 부분이 흡사하기 때문이다. 그러나 아쉽게도 견기이작형으로 진행하는 현행 재 의식에서 봉송사자편 정도의 진행 시점은 이미 유치성과 개계성을 축소한 개탁성으로 의식을 진행하고 있다고 판단할 수 있기에 올바른 소리로 진행하는 것을 기대하기 힘들다. 특히 『석문의범』에서는 봉송사자편에 청장과 물장을 포함하고 있는데 사실 청장과 물장은 1576년 본에는 확인되지 않고 1632년 본에는 부록 편에 기술되어 있다. 그러므로 소리의 구성을 단정 지어 설명할 수 없다. 단지 축원문 형식을 띠고 있기 때문에 현재의 축원형식으로 진행하거나 사부대중의 발원 내용을 담은 소(疏)의 형식을 취하고 있어 소성으로 진행할 수도 있을 것으로 추측한다. 다만 현행 재 의식에서 “거 사바세계”로 시작하는 염불은 주로 하단 영가를 위한 대령의식과 시식(施食)의 착어(着語)에서 확인할 수 있어 착어성으로 진행할지에 관한 것은 좀 더 신중히 연구를 통해 결정해야 할 것으로 여긴다.[32] 필자는 먼저, 청장과 물장 의식을 진행하는 소리에 관심을 갖기보다는 명부세계로 보내는 편지 내용과 사상적 의미에 더 큰 비중을 두고 이해하길 당부한다. 즉, 살아있는 자를 위한 재 의식일 경우는 청장을, 죽은 자를 위한 재 의식일 경우 물장을 글로 써서 사자의 위패를 봉송할 때 같이 태워 사자가 명부세계에 전할 수 있도록 말이다.

(2) 악기연주를 표시한 봉송사자편

奉送使者篇 [유치성]· [개계성]
봉송사자편

上來文牒 宣讀已周 神德無私 諒垂洞鑑玆者 卽蒙
상래문첩 선독이주 신덕무사 량수동감자자 즉몽

靈享 更讀從容 文牒 幸謝於賚持 雲程 願希於馳赴
영향 갱독종용 문첩 행사어뢰지 운정 원희어치부

故 吾佛如來 有 奉送使者陀羅尼 謹當宣念
고 오불여래 유 봉송사자다라니 근당선념

---

32) 이는 “거 사바세계”로 시작한다고 해서 무조건 영단 시식 형태로 소리할 수는 없다는 것이다. 왜냐하면 이는 영단 시식문이 아니기 때문이다. 참고로 현행 생전예수재에는 청장과 물장이 생략되어 있다.

奉送眞言 33)
봉송진언

옴 바아라 사타 목차목

唵 婆我羅 娑陀 目叉目

(奉送偈)
봉송게

奉送使者歸所屬 [세망치]
봉송사자귀소속

不違佛語度群迷 [세망치]
불위불어도군미

普期時分摠來臨
보기시분총래림

惟願使者登雲路 [몰아뛰기]
유원사자등운로

(請狀)
청장

據 娑婆世界 此四天下 南贍部洲 海東大韓 某市某洞
거 사바세계 차사천하 남섬부주 해동대한 모시모동

居住 姓名特爲己身 現增福壽 當生淨刹之願 就於某
거주 성명특위기신 현증복수 당생정찰지원 취어모

寺 以今月今日 虔設法筵 仰告南方化主 地藏大聖爲
사 이금월금일 건설법연 앙고남방화주 지장대성위

33) 진언 반복은 세 번에 그치는 것이 아니고 사자 위패를 밖으로 모신 후 태울 때까지 염송해야 한다.

首 道明無毒 兩大聖者 釋梵護世六大天主 冥府十王
수 도명무독 양대성자 석범호세육대천주 명부십왕

諸曹判官 鬼王將軍 童子使者 諸靈宰等 盡 地府界一
제조판관 귀왕장군 동자사자 제령재등 진 지부계일

切聖賢衆 不捨慈悲 的於今夜 聞 奉請之音 俱臨法會
체성현중 불사자비 적어금야 문 봉청지음 구림법회

欽受供養者 弟子無任懇祈之至 謹狀
흠수공양자 제자무임간기지지 근장

佛紀二千九百 十 年 某月 某日 謹狀
불기이천구백 십 년 모월 모일 근장

釋迦如來 遺敎弟子 奉行加持 法事沙門 某押**[몰아뛰기]**34)
석가여래 유교제자 봉행가지 법사사문 모압

(物狀)
물장

據 娑婆世界 南贍部洲 海東大韓 某市某洞某番地居
거 사바세계 남섬부주 해동대한 모시모동모번지거

住姓名 特位某郡 某氏靈駕 往生淨刹之願 就於某寺
주성명 특위모군 모씨영가 왕생정찰지원 취어모사

以 今月今日 修設冥司 十王聖齋 茶果飯餠 金銀錢文
이 금월금일 수설명사 십왕성재 다과반병 금은전문

雲馬駱駝 淸淨供具 章表一緘 伏請地府聖衆 諸曺眞
운마낙타 청정공구 장표일함 복청지부성중 제조진

宰 不知名位 一切眷屬 俱臨法筵 欽受供養者 弟子無
재 부지명위 일체권속 구림법연 흠수공양자 제자무

34) 만약 청장과 물장을 행첩소와 같이 소리로 구성하여 진행할 경우 [몰아뛰기]로 마무리하는 것이 옳을 것으로 판단한다.

任懇禱地至 謹狀
임 간 도 지 지 근 장

佛紀二千九百 十年 某月 某日
불 기 이 천 구 백 십 년 모 월 모 일

釋迦如來 遺敎弟子 奉行加持 法事沙門 某押**[몰아뛰기]**
석 가 여 래 유 교 제 자 봉 행 가 지 법 사 사 문 모 압

〈평염불〉

普回向眞言
보 회 향 진 언

옴 사마라 사마라 미마나 사라마하 자가라바 훔

唵 娑麻羅 娑麻羅 尾麻那 娑羅麻訶 者可羅婆 吽

(3) 봉송사자편의 음악적 이해

봉송사자편에서는 안위공양편과 같이 짧은 가사로 구성되어 짓는 부분이 "선독이주"、"갱독종용"、"원희어치부"、"근당선념" 등 4번 나타난다. 악보로 살펴보면 다음과 같다.

[악보 17] 봉송사자편 중 "원희어치부"와 "근당선념"

소리: 구해(2007)

채보: 오혁(2008)

이미 설명한대로 봉송사자편에서는 총 4번의 짓는 부분이 표시되어 있다. 그러나 [악보 65]에서 확인할 수 있듯이 네 번째 "근당선념"에서만 짧게 소리를 지었고, 그 외 짓는 부분은 모두 촘촘히 엮는 소리로 구성되어 있다. 전체적인 선율구조는 최저음인 c'(미)로 시작하여 중심음 f'(라)로 종지한 라선법으로 구성되어 있다.

9) 소청성위편(召請聖位篇)

소청성위편은 생전예수재의 상단의식에 해당한다. 즉, 재 의식의 증명을 위해 도량에 강림할 것을 불、보살 전에 발원하는 의식이다.

(1) 소청성위편의 음악적 구성

발원은 곧 청(請)함으로 이어진다. 그러므로 소청성위편은 주로 독(獨)소리로 진행한다. 다만, 각 대상을 청할 경우 법주、바라지 스님이 서로 주고받으며 소리를 이어가는데 이때 호흡의 공백을 메우기 위한 태징 연주법이 존재한다. 앞서 소개한 소청사자소와 같이 소청성위소도 소성으로 진행하며 이어지는 유치의 경우 반드시 유치성으로 의식을 진행한다.

(2) 악기연주를 표시한 소청성위편

召請聖位(篇)[거불쇠]
소청성위 편

(擧佛)
거불

南無淸淨法身 毘盧遮那佛[거불쇠]
나무청정법신 비로자나불

南無圓滿報身 盧舍那佛[거불쇠]
나무원만보신 노사나불

南無千百億化身 釋迦牟尼佛[몰・연결쇠][거불쇠][35]
나무천백억화신 석가모니불

(召請聖位疏) [소성][36]
소청성위소

修設冥司勝會所
수설명사승회소

伏聞ᘓ 妙化無方 必 隨機而現相 聖恩廣施 但 應物以
복문 묘화무방 필 수기이현상 성은광시 단 응물이

利生ᘓ 今陳妙供 仰望金容ᘓ 是晨ᘓ 卽有娑婆世界 大
이생 금진묘공 앙망금용 시신 즉유사바세계 대

韓某道 郡洞某番地居住 姓名伏爲 現增福壽 當生淨
한모도 군동모번지거주 성명복위 현증복수 당생정

35) [몰、연결쇠]이후 [거불쇠]로 연결한다.

36) 사실 상단의 소청성위소를 소성으로 읽어 염송하는 것인지 명확하게 정의할 수 없다. 현행 생전예수재의 경우 대부분 소청성위소를 소리하지 않기 때문이다. 다만 구해스님의 증언대로 "각 단의 소는 소성으로 읽어나간다"라는 것에 기초하여 소성으로 표시하였다.

刹之願 預修十王生七之齋 邀命秉法闍梨一員 及
찰지원 예수시왕생칠지재 요명병법사리일원 급

法事僧 一壇 以 今月某日 就於某寺 開置冥司 十王
법사승 일단 이 금월모일 취어모사 개치명사 시왕

道場 約一夜 揚幡發牒 結界建壇 式遵科儀 特備
도량 약일야 양번발첩 결계건단 식준과의 특비

冥錢 香花燈燭 茶果珍食 供養之儀 謹持黃道 召
명전 향화등촉 다과진식 공양지의 근지황도 소

請
청

法報化 三身諸佛 地藏大聖 六光菩薩 應身天曹 道
법보화 삼신제불 지장대성 육광보살 응신천조 도

明無毒 一切聖賢等衆 謹具稱揚 迎請于后
명무독 일체성현등중 근구칭양 영청우후

一心奉請 清淨法身 毘盧遮那佛
일심봉청 청정법신 비로자나불

一心奉請 圓滿報身 盧舍那佛
일심봉청 원만보신 노사나불

一心奉請 千百億化身 釋迦牟尼佛
일심봉청 천백억화신 석가모니불

一心奉請 圓成悲智 大聖地藏王菩薩
일심봉청 원성비지 대성지장왕보살

一心奉請 咸登覺位 證法度生六光菩薩
일심봉청 함등각위 증법도생육광보살

一心奉請 興悲降迹 應化三身六大天曹
일심봉청 흥비강적 응화삼신육대천조

一心奉請 立大誓願 助佛揚化道明尊者
일심봉청 입대서원 조불양화도명존자

一心奉請 發弘誓願 助揚眞化無毒鬼王
일심봉청 발홍서원 조양진화무독귀왕

一心奉請 梵釋二主 四大天王衆
일 심 봉 청 범 석 이 주 사 대 천 왕 중

右伏以 佛恩周庇 不違有感之心 法力難思 能濟無
우 복 이 불 은 주 비 불 위 유 감 지 심 법 력 난 사 능 제 무

邊之衆 伏乞 覺天金相 慈光普照於凡情 空界眞靈
변 지 중 복 걸 각 천 금 상 자 광 보 조 어 범 정 공 계 진 령

威德感通於此地 今修淨供 望賜哀憐 出定光臨 和
위 덕 감 통 어 차 지 금 수 정 공 망 사 애 련 출 정 광 림 화

南謹疏 仰惟 大覺證明 謹疏
남 근 소 앙 유 대 각 증 명 근 소

佛紀二千九百 十年 月 日 謹疏[거불쇠]
불 기 이 천 구 백 십 년 월 일 근 소

(振鈴偈)
진 령 게

以[한망치]此振鈴伸召請
이 차 진 령 신 소 청

十[한망치]方佛刹普聞知
시 방 불 찰 보 문 지

願[한망치]此鈴聲遍法界
원 차 령 성 변 법 계

無[한망치]邊佛聖咸來集
무 변 불 성 함 래 집

請諸如來眞言[37]
청제여래진언

옴 미보라 바라라례 도로도로 훔훔 (3번 반복)

唵 美步羅 婆羅羅禮 度魯度魯 吽吽

請諸賢聖眞言
청제현성진언

옴 아가로 모항살바 달마나아야 나녹다 반나다 (3번 반복)

唵 我可魯 謨恒薩婆 達摩那我野 那錄多 般那陀

(由致) [유치성]
유치

蓋聞 月照長空 影落千江之水 能仁出世 智投萬彙之機 是以 江水淨而秋月臨 信心生而諸佛降 如來眞實智 悲愍諸衆生 願知虔誠禮 垂慈作證明 一心稽首 歸命禮請

개문 월조장공 영낙천강지수 능인출세 지투만휘지기 시이 강수정이추월림 신심생이제불강 여래진실지 비민제중생 원지건성례 수자작증명 일심계수 귀명례청

一心奉請 [38]三細本染 起於無起 無起卽變 大圓鏡智 聖凡同體 法爾圓常 大小之體 遍滿法界 表裡

일심봉청 삼세본염 기어무기 무기즉변 대원경지 성범동체 법이원상 대소지체 편만법계 표리

---

37) 일자일타 형식으로 진언을 세 번 반복한다. 이어지는 진언도 이와 동일하다.
38) 법주스님이 일자일타 형식으로 연주하며 소리한다.

通徹 清淨法身 毘盧遮那佛 惟願慈悲 降臨道場 證明
통철 청정법신 비로자나불 유원자비 강림도량 증명

功德 [세망치][39]
공덕

蟭螟眼睫起皇州 玉帛諸候次第投
초명안첩기황주 옥백제후차제투

天子臨軒論土廣 太虛猶是一浮漚[세망치]
천자임헌논토광 태허유시일부구

一心奉請 九相本因 摠諸恒沙 分別名相 變同
일심봉청 구상본인 총제항사 분별명상 변동

太虛 平等性智 現發無碍 自受果圓 自他受用 出入仍
태허 평등성지 현발무애 자수과원 자타수용 출입잉

本 隨機說法 度諸有情 圓滿報身 盧舍那佛 惟願慈悲
본 수기설법 도제유정 원만보신 노사나불 유원자비

降臨道場 證明功德 [세망치]
강림도량 증명공덕

海上曾營內外家 往來相續幾隨波
해상증영내외가 왕래상속기수파

一條古路雖平坦 舊習依然走兩叉[세망치]
일조고로수평탄 구습의연주양차

39) 목탁의 경우 한 번 길게 내린다. 연주는 바라지 스님을 비롯한 참석대중이 하며 이어지는 가영소리는 바라지가 소리한다. 참고로 시간을 단축시키기 위해 [세망치]를 생략하고 바로 가영으로 이어질 수도 있다.

一心奉請 赤肉團上 妄計差別 知妄卽覺 便成
일심봉청 적육단상 망계차별 지망즉각 변성
大道 普應群機 如月印海 影影皆眞 妙觀察智 成所作
대도 보응군기 여월인해 영영개진 묘관찰지 성소작
智 一體周徧 隨機說法 大悲濟物 千百億化身 釋迦
지 일체주변 수기설법 대비제물 천백억화신 석가
牟尼佛 惟願慈悲 降臨道場 證明功德 [세망치]
모니불 유원자비 강림도량 증명공덕

月磨銀漢轉成圓 素面舒光照大千
월마은한전성원 소면서광조대천
連臂山山空捉影 孤輪本不落靑天[세망치]
연비산산공착영 고륜본불낙청천

一心奉請 大悲爲本 陰陽二界 現無邊身 廣濟
일심봉청 대비위본 음양이계 현무변신 광제
群迷 世尊收化 而白佛言 末世衆生 我乃盡度 居歡喜
군미 세존수화 이백불언 말세중생 아내진도 거환희
國 南方化主 今日道場 若不降臨 誓願安在 是我本尊
국 남방화주 금일도량 약불강림 서원안재 시아본존
地藏大聖爲首 龍樹菩薩 觀世音菩薩 常悲菩薩 陀羅
지장대성위수 용수보살 관세음보살 상비보살 다라
尼菩薩 金剛藏菩薩 惟願慈悲 降臨道場 證明功德
니보살 금강장보살 유원자비 강림도량 증명공덕
[세망치]

掌上明珠一顆寒 自然隨色辨來端
장상명주일과한 자연수색변래단

幾廻提起親分付 闇室兒孫向外看[세망치]
기회제기친분부 암실아손향외간

一心奉請  諸聖興悲 降迹靈官 六般神化 同時
일심봉청 제성흥비 강적영관 육반신화 동시

濟物 毘盧遮那 化身天曹 應身天曹 法身天曹 大智盧
제물 비로자나 화신천조 응신천조 법신천조 대지노

舍那 化身地府 大神天曹 彌勒化身 泰山府君天曹 南
사나 화신지부 대신천조 미륵화신 태산부군천조 남

方老人 地藏化身天曹 惟願慈悲 降臨道場 證明功德
방노인 지장화신천조 유원자비 강림도량 증명공덕

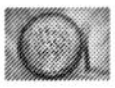

[세망치]

聖化天曹現大機 十方風月屬冥司
성화천조현대기 시방풍월속명사

沒絃琴上才傾耳 六律淸音奏一時[세망치]
몰현금상재경이 육률청음주일시

一心奉請 皆於本因 立大誓願 一現慈容 一現
일심봉청 개어본인 입대서원 일현자용 일현

威相 侍我 地藏助揚眞化 道明尊者 無毒鬼王 惟願慈
위상 시아 지장조양진화 도명존자 무독귀왕 유원자

悲 降臨道場 證明功德    [세망치]
비 강림도량 증명공덕

無毒王隨一道明 兩家眞俗作同行
무독왕수일도명 양가진속작동행

南方座下叅眞聖 大振玄風濟有情[세망치]
남방좌하참진성 대진현풍제유정

一心奉請  明察陰陽 善惡因果 賞善罰惡 飛熱
일심봉청 명찰음양 선악인과 상선벌악 비열

鐵輪 令伏惡魔 敬仰南方 無邊身化主 各逞威神 護法
철륜 영복악마 경앙남방 무변신화주 각령위신 호법

利物 大梵天王 帝釋天王 東方持國天王 南方增長天
이물 대범천왕 제석천왕 동방지국천왕 남방증장천

王 西方廣目天王 北方多聞天王 惟願慈悲 降臨道場
왕 서방광목천왕 북방다문천왕 유원자비 강림도량

證明功德 [세망치]
증명공덕

理世英雄各鎭方 大功爭奪法中王
이세영웅각진방 대공쟁탈법중왕

故來南國名歡喜 也任諸公正紀綱[세망치]
고래남국명환희 야임제공정기강

10) 봉영부욕편(奉迎赴浴篇)

봉영부욕편부터 이어지는 상단관욕의식은 현행 생전예수재에선 봉행하지 않는 의식이다. 본 연구, 생전예수재 복원에서 빠질 수 없는 의식이 상·중단의 관욕의식이고 봉영부욕편은 그중 첫 번째에 해당한다.

(1) 봉영부욕편의 음악적 구성

현행 재 의식에서 봉행하지 않기 때문에 복원하는 데 많은 어려움이 따른다. 그러나 소리가 "앙유(仰惟)"로 시작하고 있기 때문에 상단 유치성과 개계성을 바탕으로 구성할 수 있고 1576년 저본에 글자의 높고 낮음과 짓는 부분이 올바르게 표시되어 있어 구해·현성스님과 같은 경험 많은 범패승은 얼마든지 재현 가능하다. 관욕을 위한 태징 연주법은 현재 관욕의식에서 연주하는 태징법을 중심으로 의식을 재구성하여 복원하였다. 다만, 관욕 바라무를 봉행하는 시점이 견기이작형 재 의식의 관욕게 이후가 아닌 입실게 이후임을 상기해야 한다.

(2) 악기연주를 표시한 봉영부욕편

奉迎赴浴(篇) [유치성]· [개계성]
봉영부욕편

仰惟 如來大智 菩薩賢聖 從本願以興悲 誓權形而
앙유 여래대지 보살현성 종본원이흥비 서권형이

應感 處處綻 紅蓮寶印 頭頭現 金色妙身 垂慈接
응감 처처탄 홍련보인 두두현 금색묘신 수자접

物 利樂群品ㅇ 如是諸聖 已降道場ㅇ 大衆聲鈸 請迎
물 이락군품 여시제성 이강도량 대중성발 청영

赴浴
부욕

〈평염불〉[40]

正路眞言
정로진언

옴 소실지 나자리다라 나자리다라 모라다예 자라자라
만다만다 하나하나 훔바탁

唵 小室地 羅自哩多羅 羅自哩多羅 母羅多禮 自羅自羅
曼多曼多 訶那訶那 吽縛吒[염불연결마침쇠]

(入室偈)
입실게

毘藍園內降生時[세망치]
비람원내강생시

金色妙身無厭疲[세망치]
금색묘신무염피

凡情利益臨河側[세망치]
범정이익임하측

今灌度生亦復宜[몰 · 연결쇠][관욕쇠][41]
금관도생역부의

---

40) 일자일타 연주를 기본으로 하되 태평소의 경우 대취타나 염불을 연주한다. 진언이기 때문에 세 번을 기본적으로 반복하여 염송하되 상단과 관욕단의 거리가 멀 경우 위패가 관욕단에 도착할 때까지 반복하여 염송한다.

41) [몰ㆍ연결쇠]에 이어 [관욕쇠]를 연주한다.

(繞匝時 維那侍三身佛牌 察衆 侍六光牌記事侍天曹
요잡시 유나시삼신불패 찰중 시육광패기사시천조

牌 立繩侍道明無毒牌 種頭侍梵釋四王牌入於浴室前
패 입승시도명무독패 종두시범석사왕패입어욕실전

止樂云也)[42]
지락운야

11) 찬탄관욕편(讚歎灌浴篇)

불、보살이 도량에 강림하여 목욕함은 곧 중생의 믿음을 굳건히 하기 위한 방편일 수 있다. 인도승은 관욕단을 바라보며 불、보살이 목욕함을 관하고 참석대중은 실제 보살이 강림하여 이 도량에서 목욕하고 있다는 믿음을 가져야 한다. 마치 석가모니 부처님이 사바세계에 오셨을 당시처럼 말이다.

(1) 찬탄관욕편의 음악적 구성

찬탄관욕편의 시작은 "절이(切以)"이다. 그러므로 유치성과 개계성을 기본으로 소리의 높낮이를 잡아 소리한다. 이어지는 게송은 기존 [세망치] 형태를 유지한다.

---

42) 관욕 요잡바라를 행할 때 관욕실 앞에 모셨던 위패를 관욕단 안으로 모실 것을 기술하고 있다.

(2) 악기연주를 표시한 찬탄관욕편

讚歎灌浴(篇) [유치성] · [개계성]
찬 탄 관 욕 편

切以 無爲叵測 有相難思 居塵而不染於塵 離相而
절 이 무 위 파 측 유 상 난 사 거 진 이 불 염 어 진 이 상 이

有權之相 身旣淸淨 何須沐浴 實爲凡情而納浴 下
유 권 지 상 신 기 청 정 하 수 목 욕 실 위 범 정 이 납 욕 하

有灌沐之偈 大衆隨言后和 [세망치]
유 관 목 지 게 대 중 수 언 후 화

(九龍讚)
구 룡 찬

五方四海九龍王[세망치]
오 방 사 해 구 룡 왕

曾會毘藍吐水昻[세망치]
증 회 비 람 토 수 앙

凡情利益臨河側 令灌度生滿蘭堂[세망치]
범 정 이 익 임 하 측 영 관 도 생 만 난 당

(灌浴偈)
관 욕 게

我今灌浴聖賢衆[세망치]
아 금 관 욕 성 현 중

淨智功德莊嚴聚[세망치]
정 지 공 덕 장 엄 취

願諸五濁衆生類 當證如來淨法身[세망치]
원 제 오 탁 중 생 류 당 증 여 래 정 법 신

〈평염불〉43)

옴 제사제사 승가 사바하[염불마침쇠]44)

唵 帝四帝四 僧伽 娑婆訶

(歇浴偈)
헐 욕 게

以本淸淨水[세망치]
이 본 청 정 수

灌浴無垢身[세망치]
관 욕 무 구 신

不捨本誓願
불 사 본 서 원

證明我佛事[몰 · 약쇠]
증 명 아 불 사

[유치성] · [개계성]

仰惟聖賢 出於蘭湯 赴 憩寂之花筵 受精嚴之供養 下
앙 유 성 현 출 어 난 탕 부 게 적 지 화 연 수 정 엄 지 공 양 하

有獻水之偈 大衆隨言后和[세망치]
유 헌 수 지 게 대 중 수 언 후 화

---

43) 현행 관욕의식에선 이때 관욕 요잡바라무가 진행한다. 그러나 이미 봉영부욕편에서 요잡바라가 진행하였기 때문에 화의재 바라무와 동일한 목적일 수도 있을 것으로 짐작할 뿐이다. 다만 바라무가 존재했었는지에 관한 여부는 확인하지 못했다. 현재의 재 의식에서 바라무를 생략할 경우 <평염불>로 진행하는 경우가 있기 때문에 <평염불>로 대처함을 알린다. 진언이기 때문에 세 번 반복을 기본으로 한다.

44) 현행 재 의식의 관욕 바라무의 경우 관욕게가 끝나면서 이뤄지지만 생전예수재에선 봉영부욕편에서 진행한다. 그러므로 본 관욕게에선 [염불마침쇠]로 마무리한다.

(獻水偈)
헌 수 게

今將甘露水 奉獻三寶前 不捨大慈悲
금 장 감 로 수 봉 헌 삼 보 전 불 사 대 자 비

願垂哀納受[세망치]
원 수 애 납 수

願垂哀納受[세망치]
원 수 애 납 수

願垂慈悲哀納受[몰아뛰기]
원 수 자 비 애 납 수

12) 인성귀위편(引聖歸位篇)

관욕의식을 마치고 상단으로 모시기 위한 의식으로 위패를 모시고 단(壇)으로 이동할 때 거령산 즉, "나무영산회상불보살"을 대중 모두 소리한다. 이는 형상으로 강림한 불、보살을 맞이하는 것으로 여길 수 있고 그 대상이 상단의 불、보살임을 의미하는 것으로도 해석할 수 있다. 참고로 중단일 경우 이동 시 법성게를, 하단일 경우는 반야심경을 염송한다.

(1) 인성귀위편의 음악적 구성

인성귀의편의 가장 큰 특징은 관욕을 마친 상단 위패 이동 시에 소리하는 짓소리 "나무영산회상불보살"을 들 수 있다. 짓소리 "나무영산회상불보살"은 대중이 다 같이 하는 소리로 현행 생전예수재에선 괘불이운 의식에서 괘불을 모실 경우 소리한다. 즉, 불、보살이 도량에 모셔질 경우에 해당하는 소리로 여길 수 있고 '인성'과 더불어 짓소리를 대표하는 소리로 정의할 수 있다. 참고로 그 대상이 불、보살일 경우는 "나무영산회상불보살"을, 그리고 경전(經典)일 경우는 "나무마하반야바라밀"을 소리하며 대상을 맞이한다. 인성귀위편의 시작은 "복이(伏以)"이므로 유치성과 개계성의 혼합된 형식으로 소리를 구성하여 진행한다.

(2) 악기연주를 표시한 인성귀위편

引聖歸位(篇) (인성귀위편) **[유치성]·[개계성]**

伏以 蘭湯浴身 妙觸宣明 仰希聖賢之尊 重運慈悲
복이 난탕욕신 묘촉선명 앙희성현지존 중운자비

之意 出於淨室 徐步華筵 大衆無勞 再伸迎引
지의 출어정실 서보화연 대중무로 재신영인

(拈華偈) (념화게)

靈鷲拈花示上機 **[세망치]**
영축념화시상기

肯同浮木接盲龜 **[세망치]**
긍동부목접맹귀

飮光不是微微笑
음 광 불 시 미 미 소

無限淸風付與誰[세망치]
무 한 청 풍 부 여 수

散華落 散華落 散華落[세망치][45] (后 三動鈸)[46]
산 화 락 산 화 락 산 화 락 후 삼 동 발

<거령산>[47]

南無靈山會上佛菩薩
나 무 영 산 회 상 불 보 살

(擧靈山繞匝至法堂前而止樂 三身牌六光牌則法堂門
거 령 산 요 잡 지 법 당 전 이 지 락 삼 신 패 육 광 패 즉 법 당 문

內下輦天曹牌等門外下輦止樂后)[48]
내 하 연 천 조 패 등 문 외 하 연 지 락 후

(坐佛偈)
좌 불 게

請入諸佛蓮華坐[세망치]
청 입 제 불 연 화 좌

降臨千葉寶蓮臺[세망치]
강 림 천 엽 보 련 대

---

45) 만약 거령산으로 이어질 경우 [세망치]는 생략한다.

46) 현행 재 의식에선 바라가 생략되어 진행하고 있지만 『석문의범』에서 바라를 세 번 울린 것을 제시하고 있다. 이것을 현재 [세망치]로 대처한 것으로 여겨지는데 만약 바라무를 행한다면 [몰、연결쇠]로 연결한 후 요잡바라무를 행하는 것이 옳을 듯싶다.

47) 거령산 짓소리가 진행되는 동안 태평소는 염불이나 대취타를 연주한다.

48) 법당 안과 밖으로 구분하여 위패를 모실 것을 기술하고 있지만 현 상황에서는 모두 법당 내 상단에 모셔야 의식을 진행하기에 용이하다.

菩薩聲聞緣覺衆
보 살 성 문 연 각 중

惟願不捨大慈悲[몰아뛰기]
유 원 불 사 대 자 비

(3) 인성귀위편의 음악적 이해

인성귀위편에 등장하는 "나무영산회상불보살"은 괘불이운에서 등장하는 짓소리와 동일하다. 그러므로 "나무영산회상불보살"은 불·보살의 불상이나 탱화 위패 등을 옮기는 이운의식에서 소리하는 것으로 정의할 수 있다. 다음은 "나무영산회상불보살"의 일부이다.

"나무영산회상불보살"은 '산화락'부터 시작한다. '산화락'을 세 번 반복하고 '나무영산회상불보살'을 두 번 반복한 후 다음 세 번째 '나무'부터 짓소리를 시작한다. 소리의 구성은 짓소리의 가장 기본으로 꼽히는 '인성'과 구성이 동일하다. 이는 악보12마디부터 확인할 수 있다. 짓소리의 특징은 소리를 무한 반복할 수 있음에 있다.

[악보 18] 나무영산회상불보살 Ⅰ[49]

채보: 한만영

49) 소리는 서울대학교 음악대학 국악 Library에 수록되어 있는 짓소리 No. 77(1~12)이다. 韓萬榮, 『佛敎音樂硏究』, 285쪽.

[악보 19] 나무영산회상불보살 Ⅱ[50)]

채보: 한만영

---

50) 韓萬榮, 『佛敎音樂硏究』, 286쪽.

악보 “영”을 “여”(2번째 줄)[51]와 받침 “ㅇ”으로 구분할 수 있는데 “ㅇ”의 “앙”(6번째 줄)의 시작 “에 이”부터 반복을 시작할 수 있다. 이와 같은 반복은 시간의 제약을 받지 않는 소리로 이해하기 보다는 이운의식의 이동 거리와 관계가 있기 때문으로 해석해야 한다. 그러므로 이운거리가 짧으면 소리를 반복할 필요가 없고 이동거리가 길면 당연히 무한반복을 할 수 있다.

13) 헌좌안위편(獻座安位篇)

헌좌안위편은 관욕단에서 다시 상단으로 위패를 모시고 안치하는 의식이다. 현행 생전예수재에선 상단 관욕의식을 생략하고 바로 소청성위편에서 상단 불、보살을 청한 후 헌좌안위편으로 이어진다. 그러므로 헌좌안위편은 현행 생전예수재에서 봉행하는 의식이다.

(1) 헌좌안위편의 음악적 구성

헌좌안위편의 시작은 “절이”(切以)이므로 유치성과 개계성을 중심으로 구성한다. 이어 헌좌게와 다게를 진행한다. 다게를 올리는 것은 차 공양을 올리는 것으로 해석해야 한다. 관욕의식을 마치고

---

51) 마디로 구분되어 있지 않기 때문에 가사를 중심으로 설명한다.

도착한 불、보살에게 차를 올린 후 중단 명부성현이 도착하기를 기다리라는 듯이 말이다.

(2) 악기연주를 표시한 헌좌안위편

獻座安位(篇) [유치성]· [개계성]
헌좌안위 편

切以 道場永潔 聖駕雲臻 旣從有感之心 必副無私
절이 도량영결 성가운진 기종유감지심 필부무사

之望 玆者 諸佛菩薩 一切賢聖 旣臨淸淨之華筵 宜
지망 자자 제불보살 일체현성 기림청정지화연 의

就莊嚴之妙座 下有獻座之偈 大衆隨言後和
취장엄지묘좌 하유헌좌지게 대중수언후화

[세망치]

(獻座眞言)
헌좌진언

妙[한망치]菩提座勝莊嚴
묘 보리좌승장엄

諸[한망치]佛坐已成正覺
제 불좌이성정각

我[한망치]今獻座亦如是
아 금헌좌역여시

自[한망치]他一時成佛道
자 타일시성불도

옴[한망치] 바아라 미나야 사바하

唵 婆阿羅 尾那野 娑婆訶

옴[한망치] 바아라 미나야 사바하

唵 婆阿羅 尾那野 娑婆訶

옴[한망치] 바아라 미나야 사바하[거불쇠]

唵 婆阿羅 尾那野 娑婆訶

(茶偈)
다 게

我今持此一椀茶 變成無盡甘露味 奉獻十方三寶前
아 금 지 차 일 완 다 변 성 무 진 감 로 미 봉 헌 시 방 삼 보 전

願垂哀納受[세망치]
원 수 애 납 수

願垂哀納受[세망치]
원 수 애 납 수

願垂慈悲哀納受[몰아뛰기]
원 수 자 비 애 납 수

(3) 헌좌안위편의 음악적 이해

헌좌안위에서는 “절이”、“필부무사지망”、“자자”、“의취장묘좌”、“대중수언후화” 등 총 5번의 짓는 부분이 나타난다. 악보로 보면 다음과 같다.

[악보 20] 헌좌안위편 중 “절이”

소리: 구해(2007)
채보: 오혁(2008)

헌좌안위편 중에서 가장 화려하게 소리 지어지는 부분이 “절이”이다. 바로 개계성으로 구성하고 있기 때문인데 먼저 최저음인 c'(미)로 시작하여 중심음 f'(라)로 이어져서 소리를 쭉 이어가다가 a♭'(도)로 상행한 다음, 최고음인 b♭(레)로 짧게 소리를 내고는 다시 ‘라솔’을 거쳐서 최저음인 c'(미’)로 종지한다. 이는 부채꼴 모양의 선율형으로 저음에서 시작하여 점점 정점으로 고조된 다음, 다시 최저음으로 가라앉은 선율로서, 장중함이 느껴지는 형태라 할 수 있다. ‘라’에서 ‘미’의 하행으로 선율형이 이어지는데, 그 사이에 반드시 ‘솔’음이 짧게 들어가 있는 전형적인 메나리조의 선법구조이다.

[악보 21] 헌좌안위편 중 “필부무사지망” · “자자”

소리: 구해(2007)
채보: 오혁(2008)

“필부무사지망”의 부분에서는 중심음인 f'(라)음을 길게 빼어서 소리를 짓는데, 다만 중심음의 3도 윗소리인 $a^{\flat'}$(도)음으로 소리를 잦은 형태로 소리한다.

그리고 “필부무사지망”의 바로 뒤 “자자”에서도 소리는 짓는다. “자자”에서는 앞의 “절이”와 같이 전형적인 개계성으로 소리를 이어가는데 최저음인 최저음인 c'(미)로 시작하여 중심음 f'(라)로 이어져서 소리를 쭉 빼어주다가 $a^{\flat'}$(도)의 소리를 내고는 다시 최저음인 c'(미')로 종지한다. 다만 “절이”에 비해 소리의 규모가 작고 음역도 짧지만 흐름은 부채꼴 모양으로 거의 흡사함을 알 수 있다.

[악보 22] 헌좌안위편 중 “대중수언후화”

소리: 구해(2007)
채보: 오혁(2008)

“대중수언후화”에서는 “후”를 최저음으로 낮추어 소리하고는 다시 4도 위인 중심음 f'(라)를 길게 소리 내어 짓고 다시 ‘도라미’로 4도 하행 후 다시 중심음 f'(라)를 길게 이어가며 ‘도라’로 종지한다. 이는 기존의 최저음의 종지와는 확연히 다르지만, 헌좌안위편의 선율구조가 ‘라’음이 중심적으로 이루어진 라선법임을 보여주는 부분이라 하겠다.

14) 보례삼보편(普禮三寶篇)

보례삼보편은 상단에 모셔진 불、보살에게 참석대중이 사무량게、사자게、오자게 등을 염송하며 예를 올리는 의식이다. 이 의식은 현행 생전예수재에는 생략되어 있다.

(1) 보례삼보편의 음악적 구성

보례삼보편은 태징 반주를 중심으로 진행한다. 물론 시작은 "절이"(切以)로 시작하고 있으므로 유치성과 개계성을 중심으로 소리를 구성한다.

(2) 악기연주를 표시한 보례삼보편

普禮三寶(篇) [유치성]· [개계성]
보례삼보 편

切以 空月騰輝 無幽不燭 佛身赴感 有願必從 衆生以
절이 공월등휘 무유불촉 불신부감 유원필종 중생이

三業歸依 諸佛乃六通垂鑒 由是 敬焚牛首 高震魚音
삼업귀의 제불내육통수감 유시 경분우수 고진어음

虔恭十方 信禮常住三寶 [세망치]
건공시방 신례상주삼보

(四無量偈)
사 무 량 게

大慈大悲愍衆生[세망치]
대 자 대 비 민 중 생

大喜大捨濟含識[세망치]
대 희 대 사 제 함 식

相好光明以自嚴
상 호 광 명 이 자 엄

衆等至心歸命禮[세망치]
중 등 지 심 귀 명 례

(四字偈)
사 자 게

大圓滿覺應跡西乾[세망치]
대 원 만 각 응 적 서 건

心包太虛量廓沙界[세망치]
심 포 태 허 량 확 사 계

佛功德海秘密甚深
불 공 덕 해 비 밀 심 심

殑伽沙刦讚揚難盡[세망치]
긍 가 사 겁 찬 양 난 진

志心頂禮 上來奉請 十方常住一切 佛陀耶衆[세망치]
지 심 정 례 상 래 봉 청 시 방 상 주 일 체 불 타 야 중

志心頂禮 上來奉請 十方常住一切 達摩耶衆[세망치]
지 심 정 례 상 래 봉 청 시 방 상 주 일 체 달 마 야 중

志心頂禮 上來奉請 十方常住一切 僧伽耶衆[세망치]
지 심 정 례 상 래 봉 청 시 방 상 주 일 체 승 가 야 중

惟願慈悲 受我頂禮[거불 · 연결쇠][세망치][52]
유원자비 수아정례

(五字偈)
오자게

爲利諸有情[세망치]
위리제유정

令得三身故[세망치]
영득삼신고

淸淨身語意
청정신어의

歸命禮三寶[세망치]
귀명례삼보

옴 살바못다 달마승가람 남모소도제[몰아뛰기][53]

唵 薩婆沒多 達摩僧伽藍 南謨小度濟

15) 소청명부편(召請冥府篇)

소청명부편부터 중단의식에 해당한다. 상단은 증명단으로 그 대상이 불ㆍ보살이었다면 중단은 명부세계에 존재하는 명부성현으로 여길 수 있다. 생전예수재를 봉행하는 목적은 바로 중단 명부성현을 청해 공양 올리는 것이므로 소청명부편은 생전예수재 의식에

52) [거불ㆍ연결쇠] 후 [세망치]로 이어간다.

53) 진언이지만 게송과 이어져 진행하기 때문에 진언 반복 중간에 [세망치]를 생략하고 바로 이어 소리한다.

서 가장 길게 진행한다.

(1) 소청명부편의 음악적 구성

소청명부편은 대상을 청하기 위한 유치와 청사를 중심으로 진행한다. 다만 유치의 경우 거불 이후 한 번에 그치지만 청사의 경우는 각 대상을 청하기 위한 것이므로 가영을 받아 소리하는 법주와 바라지스님의 호흡이 중요하다. 연결은 태징의 [세망치]로 이뤄지고 소리를 쓸면서 진행한다. 일반적인 재공의식과는 달리 청사와 가영을 연결하는 "향화청" 소리가 누락된 것은 대상이 많아 생략된 것으로 짐작하며 이는 조선시대 『예수시왕생칠재의찬요』에서도 동일하다. 그리고 보통 청사를 세 번 반복하고 있지만 소청명부편에선 한 번만 염송한다.

(2) 악기연주를 표시한 소청명부편

召請冥府(篇)[거불쇠]
소청명부 편

(擧佛)
거불

南無幽冥敎主地藏菩薩摩訶薩[거불쇠]
나무유명교주지장보살마하살

南無助揚眞化道明尊者[거불쇠]
나무조양진화도명존자

南無助佛揚化無毒鬼王[몰・연결쇠][거불쇠]
나무조불양화무독귀왕

(召請冥位疏) [유치성]・ [개계성]
소청명위소

切以ᄋ\ 智增靈明 不處天宮而利物 悲心弘廣 常居地
절이 지증영명 불처천궁이이물 비심홍광 상거지

府而化生ᄋ\ 以四相 如乎四心以十王 如乎十地ᄋ\ 殿前
부이화생 이사상 여호사심이십왕 여호십지 전전

酷獄 愍 衆生造業而來 案側善童 綠 含識修福而往ᄋ\
혹옥 민 중생조업이내 안측선동 녹 함식수복이왕

鑑明善惡 總現無遺ᄋ\ 是晨ᄋ\ 卽有 娑婆世界 南贍部
감명선악 총현무유 시신 즉유 사바세계 남섬부

洲 海東大韓 某道某郡 某面某洞居住 何某伏爲 現增
주 해동대한 모도모군 모면모동거주 하모복위 현증

福壽 當生淨刹之願ᄋ\ 預修十王 生七之齋ᄋ\ 謹命秉法
복수 당생정찰지원 예수시왕 생칠지재 근명병법

闍梨 及 法事一壇ᄋ\ 以 今月今日 就於某寺 水月道場
사리 급 법사일단 이 금월금일 취어모사 수월도량

ᄋ\ 開置冥司 十王道場 約一夜揚幡發牒 結界建壇ᄋ\
개치명사 시왕도량 약일야양번발첩 결계건단

謹遵科儀 特備冥錢ᄋ\ 香花燈燭 茶菓珍食 供養之儀ᄋ\
근준과의 특비명전 향화등촉 다과진식 공양지의

謹持黑道 召請
근지흑도 소청

冥府十王 六曹官典 百司宰執 億千眷屬 十八部官
명부십왕 육조관전 백사재집 억천권속 십팔부관

牛頭馬面 阿蒡卒吏 不知名位 一切神祇等衆 伏願
우두마면 아방졸리 부지명위 일체신기등중 복원

同臨道場 普霑妙供 謹具冥啣 開列于后
동림도량 보점묘공 근구명함 개열우후

一心奉請 諸位冥王衆
일심봉청 제위명왕중

一心奉請 諸位獄王衆
일심봉청 제위옥왕중

一心奉請 諸位判官衆
일심봉청 제위판관중

一心奉請 諸位鬼王衆
일심봉청 제위귀왕중

一心奉請 諸位將軍衆
일심봉청 제위장군중

一心奉請 諸位阿蒡衆
일심봉청 제위아방중

一心奉請 諸位童子衆
일심봉청 제위동자중

一心奉請 諸位卒吏衆
일심봉청 제위졸리중

一心奉請 諸位不知名位等衆
일심봉청 제위부지명위등중

右具如前 伏乞 冥府官曹一切聖賢等衆 希降聖
우구여전 복걸 명부관조일체성현등중 희강성

慈 望垂靈助 上稟
자 망수영조 상품

如來之勅 下愍檀信之心 早布龍旌 速排鳳輦 毋賜
여래지칙 하민단신지심 조포용정 속배봉연 모사

叱阻 率領徒衆 願赴聖壇 廣施妙用 僧某 冒犯冥
질조 솔령도중 원부성단 광시묘용 승모 모범명

威 無任懇禱激切之至 具狀伸聞 伏祈聖鑑 謹疏
위 무임간도격절지지 구장신문 복기성감 근소

佛紀二千九百某年某月某日
불기이천구백모년모월모일

釋迦如來遺敎弟子奉行加持云云 [거불쇠]
석가여래유교제자봉행가지운운

(振鈴偈)
진령게

以[한망치]此振鈴伸召請
이 차진령신소청

冥[한망치]府十王普聞知
명 부십왕보문지

願[한망치]承三寶力加持
원 승삼보력가지

今[한망치]夜今時來降赴
금 야금시내강부

召請焰魔羅王眞言
소청염마라왕진언

옴 살바염마라 사제비야 사바하 (3번 반복)

唵 薩婆焰魔羅 舍帝非野 娑婆訶

(由致) [유치성]
유 치

蓋聞 清風下散 瑞氣上凝 聖凡之境不殊 陽之路相
개문 청풍하산 서기상응 성범지경불수 양지로상
接 上來壇上 已奉諸聖之儀 次至案前 普召冥王之
접 상래단상 이봉제성지의 차지안전 보소명왕지
衆 夫 冥王者 如經所說 誓願不測 焰魔天子 諸位
중 부 명왕자 여경소설 서원불측 염마천자 제위
冥官 一十八 掌獄之臣 及 百萬牛頭之衆 鑑齋五
명관 일십팔 장옥지신 급 백만우두지중 감재오
道 善惡二符 記 罪福而分明 據 業緣而處斷 賞善
도 선악이부 기 죄복이분명 거 업연이처단 상선
則 超生天界 罰惡則判落三速 辯 是非不枉之情 賜
칙 초생천계 벌악칙판락삼도 변 시비불왕지정 사
苦樂無偏之報 伏願 遙聞讚語 各運懽心 仗 三寶
고락무편지보 복원 요문찬어 각운환심 장 삼보
之威光 現 五通之妙用 出自寶殿 辭別冥司 王乘
지위광 현 오통지묘용 출자보전 사별명사 왕승
則 玉輦金與 臣駕則 紅霞彩霧 引諸部從 允副香壇
칙 옥연금여 신가칙 홍하채무 인제부종 윤부향단
謹秉一心 先陳三請
근병일심 선진삼청

一心奉請 [54]酆都大帝 下元地官 十方法界 地
일심봉청 풍도대제 하원지관 시방법계 지
府一切聖衆 惟願承 三寶力 仗 秘密語 今夜今時 來
부일체성중 유원승 삼보력 장 비밀어 금야금시 내

54) 일자일타로 진행하며 이어지는 청사부분에서 모두 동일하게 연주한다.

臨法會 受此供養[세망치]
림법회 수차공양

深仁大帝示權衡 隨處隨時刹刹形
심인대제시권형 수처수시찰찰형

正體麗容何似比 琉璃盤上寶珠明[세망치]
정체여용하사비 유리반상보주명

一心奉請 遣 使者時 令乘黑馬 手把黑幡 身
일심봉청 견 사자시 영승흑마 수파흑번 신

着黑依 檢亡人家 造何功德 准名放牒 抽出罪人 不違
착흑의 검망인가 조하공덕 준명방첩 추출죄인 불위

誓願 第一秦廣大王 並從眷屬 惟願承 三寶力 仗 秘
서원 제일진광대왕 병종권속 유원승 삼보력 장 비

密語 今夜今時 來臨法會 受此供養[세망치]
밀어 금야금시 내림법회 수차공양

普天寒氣振陰綱 正令全提第一場
보천한기진음강 정령전제제일장

鍛鐵鍊金重下手 始知良匠意難量[세망치]
단철연금중하수 시지양장의난량

一心奉請  住不思儀 大乘菩薩 首願攝化 拯苦
일심봉청 주부사의 대승보살 수원섭화 증고

衆生 權現示跡 大叫喚獄 植本慈心 第二初江大王 並
중생 권현시적 대규환옥 식본자심 제이초강대왕 병

從眷屬 惟願承 三寶力 仗秘密語 今夜今時 來臨法會
종권속 유원승 삼보력 장비밀어 금야금시 내림법회

受此供養 **[세망치]**
수차공양

沃焦山作陷人機 上下烘窈火四支
옥초산작함인기 상하홍요화사지

忍見忍聞經幾劫 外威還似不慈悲**[세망치]**
인견인문경기겁 외위환사부자비

一心奉請  檢察人天 所作果報 有一比丘 具犯
일심봉청 검찰인천 소작과보 유일비구 구범

重罪 知一字覽 才擧心頭 四面刀山 一時撲落 王拜禮
중죄 지일자람 재거심두 사면도산 일시박락 왕배례

曰 隨意往生 第三宋帝大王 並從眷屬 惟願承 三寶力
왈 수의왕생 제삼송제대왕 병종권속 유원승 삼보력

仗秘密語 今夜今時 來臨法會 受此供養   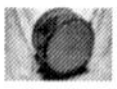
장비밀어 금야금시 내림법회 수차공양

[세망치]

四面刀山萬仞危 突然狂漢投重圍
사면도산만인위 돌연광한투중위

丈夫不在羅籠裡 但向人天辯是非**[세망치]**
장부부재나롱리 단향인천변시비

一心奉請 於諸善惡 不傾左右 直截而斷 使無
일심봉청 어제선악 불경좌우 직절이단 사무

滯碍 空中懸秤 稱量業因 第四五官大王 並從眷屬 惟
체애 공중현칭 칭량업인 제사오관대왕 병종권속 유

願承 三寶力 仗 秘密語 今夜今時 來臨法會 受此供
원승 삼보력 장 비밀어 금야금시 내림법회 수차공

養 [세망치]
양

淸白家風直似衡 豈隨高下落人情
청백가풍직사형 기수고하낙인정

秤頭不許蒼蠅坐 些子傾時失正平[세망치]
칭두불허창승좌 사자경시실정평

一心奉請 於未來世 當得作佛 號普現王如來
일심봉청 어미래세 당득작불 호보현왕여래

十號具足 國土嚴淨 百福莊嚴 國名華嚴 菩薩充滿 第
십호구족 국토엄정 백복장엄 국명화엄 보살충만 제

五閻羅大王 並從眷屬 惟願承 三寶力 仗 秘密語 今
오염라대왕 병종권속 유원승 삼보력 장 비밀어 금

夜今時 來臨法會 受此供養 [세망치]
야금시 내림법회 수차공양

冥威獨出十王中 五道奔波盡向風
명위독출십왕중 오도분파진향풍

聖化包容如遠比 人間無水不朝東[세망치]
성화포용여원비 인간무수부조동

一心奉請 罪人所喫 平生之肉 若非父母 不入
일심봉청 죄인소끽 평생지육 약비부모 불입
於口 赤血淋漓 斗之如海 盡被罪則 何劫有限 斷分出
어구 적혈임리 두지여해 진피죄즉 하겁유한 단분출
獄 第六變成大王 並從眷屬 惟願承 三寶力 仗 秘密
옥 제육변성대왕 병종권속 유원승 삼보력 장 비밀
語 今夜今時 來臨法會 受此供養 [세망치]
어 금야금시 내림법회 수차공양

罪案堆渠所作因 口中甘咀幾雙親
죄안퇴거소작인 구중감저기쌍친
大王常作慈悲父 火獄門開放此人[세망치]
대왕상작자비부 화옥문개방차인

一心奉請 世人癡甚 雖請冥司 不以禮儀 然依
일심봉청 세인치심 수청명사 불이예의 연의
佛勅 乃請供養 收錄善案 第七泰山大王 並從眷屬 惟
불칙 내청공양 수록선안 제칠태산대왕 병종권속 유
願承 三寶力 仗 秘密語 今夜今時 來臨法會 受此供
원승 삼보력 장 비밀어 금야금시 내림법회 수차공
養 [세망치]
양

人頑耳目禮雖違 梢順冥規敬向歸
인완이목예수위 초순명규경향귀
智不責愚言可採 一毫微善捨前非[세망치]
지불책우언가채 일호미선사전비

一心奉請  了知亡人 平生之業 非但了知 現行
일심봉청 요지망인 평생지업 비단요지 현행
善惡 亦能細察 心念隱行 不錯絲毫 第八平等大王 並
선악 역능세찰 심념은행 불착사호 제팔평등대왕 병
從眷屬 惟願承 三寶力 仗 秘密語 今夜今時 來臨法
종권속 유원승 삼보력 장 비밀어 금야금시 내림법
會 受此供養    [세망치]
회 수차공양

明鏡當臺照膽寒 物逃姸媸也應難
명경당대조담한 물도연치야응난
諒哉入妙皆神決 鑑與王心一處安[세망치]
량재입묘개신결 감여왕심일처안

一心奉請  佛不能救 衆生定業 若不蒙我 冥王
일심봉청 불불능구 중생정업 약불몽아 명왕
本願 三界衆生 永劫不出 猛火地獄 一日一夜 彈指滅
본원 삼계중생 영겁불출 맹화지옥 일일일야 탄지멸
火 第九都市大王 並從眷屬 惟願承 三寶力 仗 秘密
화 제구도시대왕 병종권속 유원승 삼보력 장 비밀
語 今夜今時 來臨法會 受此供養    [세망치]
어 금야금시 내림법회 수차공양

火爲孤魂長旱魃 佛因三難絶慈雲
화위고혼장한발 불인삼난절자운
乾坤盡入洪爐裡 幾望吾王雨露恩[세망치]
건곤진입홍로리 기망오왕우로은

一心奉請 若無地獄 無一衆生 得成正覺 興悲
일심봉청 약무지옥 무일중생 득성정각 흥비
降尊 勸成佛道 第十五道轉輪大王 並從眷屬 惟願承
강존 권성불도 제십오도전륜대왕 병종권속 유원승
三寶力 仗 秘密語 今夜今時 來臨法會 受此供養
삼보력 장 비밀어 금야금시 내림법회 수차공양
[세망치]

古聖興悲作此身 逢場降跡現冥因
고성흥비작차신 봉장강적현명인
棒叉若不橫交用 覺地猶難見一人[세망치]
봉차약불횡교용 각지유난견일인

一心奉請 佛在世時 地獄生蓮 下及衰季 不信
일심봉청 불재세시 지옥생련 하급쇠계 불신
佛語 罪決如麻 勞身問事 愍他痴業 二十六位判官 三
불어 죄결여마 노신문사 민타치업 이십육위판관 삼
元將軍 第一夏判官 第二宋判官 第三盧判官 第四司
원장군 제일하판관 제이송판관 제삼노판관 제사사
命判官 第五舒判官 第六王判官 第七裵判官 第八曹
명판관 제오서판관 제륙왕판관 제칠배판관 제팔조
判官 第九馬判官 第十趙判官 第十一崔判官 第十二
판관 제구마판관 제십조판관 제십일최판관 제십이
甫判官 第十三熊判官 第十四皇甫判官 第十五鄭判
보판관 제십삼웅판관 제십사황보판관 제십오정판
官 第十六河判官 第十七孔判官 第十八胡判官 第十
관 제십육하판관 제십칠공판관 제십팔호판관 제십
九傅判官 第二十屈判官 第二十一陳判官 第二十二
구부판관 제이십굴판관 제이십일진판관 제이십이

陸判官 第二十三印判官 第二十四掌算判官 第二十
육판관 제이십삼인판관 제이십사장산판관 제이십

五江漢判官 第二十六庾判官 上元周將軍 中元葛將
오강한판관 제이십육유판관 상원주장군 중원갈장

軍 下元唐將軍 各並眷屬 惟願承 三寶力 仗 秘密語
군 하원당장군 각병권속 유원승 삼보력 장 비밀어

今夜今時 來臨法會 受此供養   [세망치]
금야금시 내림법회 수차공양

四海澄淸共一家 訟庭寥寂絕囂嘩
사해징청공일가 송정요적절효화

如今世亂皆群犬 空使諸司判事多[세망치]
여금세란개군견 공사제사판사다

一心奉請  牙如劍樹 口似血盆 揮劍眼運 擧捧
일심봉청 아여검수 구사혈분 휘검안운 거봉

魂亡 權示嚴威 伏諸惡魔 廣度群迷 三十七位鬼王 第
혼망 권시엄위 복제악마 광도군미 삼십칠위귀왕 제

一無毒鬼王 第二惡毒鬼王 第三惡目鬼王 第四諍惡
일무독귀왕 제이악독귀왕 제삼악목귀왕 제사쟁악

鬼王 第五大諍惡鬼王 第六白虎鬼王 第七血虎鬼王
귀왕 제오대쟁악귀왕 제육백호귀왕 제칠혈호귀왕

第八赤虎鬼王 第九散殃鬼王 第十飛身鬼王 第十一
제팔적호귀왕 제구산앙귀왕 제십비신귀왕 제십일

電光鬼王 第十二狼牙鬼王 第十三千照鬼王 第十四
전광귀왕 제십이낭아귀왕 제십삼천조귀왕 제십사

啗獸鬼王 第十五負石鬼王 第十六主耗鬼王 第十七
담수귀왕 제십오부석귀왕 제십육주모귀왕 제십칠

主禍鬼王 第十八主食鬼王 第十九主財鬼王 第二十
주화귀왕 제십팔주식귀왕 제십구주재귀왕 제이십

主畜鬼王 第二十一主禽鬼王 第二十二主獸鬼王 第
주축귀왕 제이십일주금귀왕 제이십이주수귀왕 제

二十三主魅鬼王 第二十四主産鬼王 第二十五主命鬼
이십삼주매귀왕 제이십사주산귀왕 제이십오주명귀

王 第二十六主疾鬼王 第二十七主儉鬼王 第二十八
왕 제이십육주질귀왕 제이십칠주검귀왕 제이십팔

主目鬼王 第二十九四目鬼王 第三十五目鬼王 第三
주목귀왕 제이십구사목귀왕 제삼십오목귀왕 제삼

十一那利叉鬼王 第三十二大那利叉鬼王 第三十三阿
십일나리차귀왕 제삼십이대나리차귀왕 제삼십삼아

那吒鬼王 第三十四大阿那吒鬼王 第三十五主陰鬼王
나타귀왕 제삼십사대아나타귀왕 제삼십오주음귀왕

第三十六虎目鬼王 第三十七南安鬼王 各並眷屬 惟
제삼십육호목귀왕 제삼십칠남안귀왕 각병권속 유

願承 三寶力 仗 秘密語 今夜今時 來臨法會 受此供
원승 삼보력 장 비밀어 금야금시 내림법회 수차공

養 [세망치]
양

倚天長劍丈夫行 各逞威風眼電光
의천장검장부행 각정위풍안전광

棒下有人知痛否 一拳拳倒太山崗[세망치]
봉하유인지통부 일권권도태산강

一心奉請 引魂赴齋 往來冥路 見妙花水 悅之
일심봉청 인혼부재 왕래명로 견묘화수 열지

欲入 謂亡人曰 我見仙溪 汝入是湯 護持指路 善簿童
욕입 위망인왈 아견선계 여입시탕 호지지로 선부동

子 惡簿童子 監齋使者 直符使者 追魂使者 注魂使者
자 악부동자 감재사자 직부사자 추혼사자 주혼사자

黃川引路 五位使者 年直使者 月直使者 日直使者 時
황천인로 오위사자 년직사자 월직사자 일직사자 시

直使者 諸地獄 官典使者 諸位馬直使者 府吏使者 護
직사자 제지옥 관전사자 제위마직사자 부리사자 호

法善神 土地靈祇等衆 各並眷屬 惟願承 三寶力 仗
법선신 토지영지등중 각병권속 유원승 삼보력 장

秘密語 今夜今時 來臨法會 受此供養 [세망치]
비밀어 금야금시 내림법회 수차공양

來往群官持路頭 黃泉風景卽仙遊
내왕군관지로두 황천풍경즉선유

行人不識挑源洞 只說香葩泛水流[세망치]
행인불식도원동 지설향파범수류

一心奉請 先正自身 考理萬條 不錯一事 不義
일심봉청 선정자신 고리만조 불착일사 불의

之聲 不入王耳 第一秦廣大王 案列從官判官鬼王 二
지성 불입왕이 제일진광대왕 안열종관판관귀왕 이

符四直監齋直符 泰山柳判 官泰山周判官 都句宋判
부사직감재직부 태산유판 관태산주판관 도구송판

官 太陰夏候判官 那利失鬼王 惡毒鬼王 負石鬼王 大
관 태음하후판관 나리실귀왕 악독귀왕 부석귀왕 대

諍鬼王 注善童子 注惡童子 年直使者 月直使者 日直
쟁귀왕 주선동자 주악동자 년직사자 월직사자 일직

使者 時直使者 監齋使者 直符使者等衆 各並眷屬 惟
사자 시직사자 감재사자 직부사자등중 각병권속 유

願承 三寶力 仗 秘密語 今夜今時 來臨法會 受此供
원승 삼보력 장 비밀어 금야금시 내림법회 수차공

養   [세망치]
양

敬衛庭前劍戟橫 此王僚佐盡賢養
경위정전검극횡 차왕요좌진현양

一宮灑掃先從外 豈與無辜枉不殃[세망치]
일궁쇄소선종외 기여무고왕불앙

一心奉請  不義取財 君子不爲 臣如割民 天子
일심봉청 불의취재 군자불위 신여할민 천자

之咎 直諫於王 罰貪使者 第二初江大王 案列從官 判
지구 직간어왕 벌탐사자 제이초강대왕 안열종관 판

官鬼王 二簿四直 監齋直符 泰山王判官 泰山宋判官
관귀왕 이부사직 감재직부 태산왕판관 태산송판관

都推盧判官 泰山揚判官 上元周將軍 那利失鬼王 三
도추노판관 태산양판관 상원주장군 나리실귀왕 삼

目鬼王 血虎鬼王 多惡鬼王 注善童子 注惡童子 年直
목귀왕 혈호귀왕 다악귀왕 주선동자 주악동자 년직

使者 月直使者 日直使者 時直使者 監齋使者 直符使
사자 월직사자 일직사자 시직사자 감재사자 직부사

者等衆 各並眷屬 惟願承 三寶力 仗 秘密語 今夜今
자등중 각병권속 유원승 삼보력 장 비밀어 금야금

時 來臨法會 受此供養   [세망치]
시 내림법회 수차공양

左右無非是正人 肅然行政絕囂宸
좌우무비시정인 숙연행정절효신

赤身奪暖民休哭 到此門前有諫臣[세망치]
적신탈난민휴곡 도차문전유간신

一心奉請 世間痴人 費食促命 誡罪人曰 念食
일심봉청 세간치인 비식촉명 계죄인왈 염식

來處 可除放逸 第三宋帝大王 案列從官 判官鬼王 二
내처 가제방일 제삼송제대왕 안열종관 판관귀왕 이

符四直 監齋直符 泰山河判官 司命判官 司錄判官 泰
부사직 감재직부 태산하판관 사명판관 사록판관 태

山舒判官 泰山柳判官 下元唐將軍 白虎鬼王 赤虎鬼
산서판관 태산유판관 하원당장군 백호귀왕 적호귀

王 那利失鬼王 注善童子 注惡童子 年直使者 月直使
왕 나리실귀왕 주선동자 주악동자 년직사자 월직사

者 日直使者 時直使者 監齋使者 直符使者等衆 各並
자 일직사자 시직사자 감재사자 직부사자등중 각병

眷屬 惟願承 三寶力 仗 秘密語 今夜今時 來臨法會
권속 유원승 삼보력 장 비밀어 금야금시 내림법회

受此供養 [세망치]
수차공양

拈匙先念食之功 粒粒來從佛血中
념시선염식지공 입입내종불혈중

況有耕夫當夏日 汗流田土喘無風[세망치]
황유경부당하일 한류전토천무풍

一心奉請 見賢思齊 各守淸白 不貪爲寶 第四
일심봉청 견현사제 각수청백 불탐위보 제사

五官大王 案列從官 判官鬼王 二符四直 監齋直符 泰
오관대왕 안열종관 판관귀왕 이부사직 감재직부 태

山肅判官 泰山勝判官 諸司檢符判官 司曹裵判官 飛
산숙판관 태산승판관 제사검부판관 사조배판관 비

身鬼王 那利叉判官 電光鬼王 注善童子 注惡童子 年
신귀왕 나리차판관 전광귀왕 주선동자 주악동자 년

直使者 月直使者 日直使者 時直使者等衆 各並眷屬
직사자 월직사자 일직사자 시직사자등중 각병권속

惟願承 三寶力 仗 秘密語 今夜今時 來臨法會 受此
유원승 삼보력 장 비밀어 금야금시 내림법회 수차

供養    [세망치]
공양

若將珍物落人情 父子相讎拔劍爭
약장진물낙인정 부자상수발검쟁

惟有聖王賢內署 臨財揖讓濟群生[세망치]
유유성왕현내서 임재읍양제군생

一心奉請  上下平均 盡力佐王 三界物望 皆歸
일심봉청 상하평균 진력좌왕 삼계물망 개귀

於王 第五閻羅大王 案列從官 判官鬼王 二符四直 監
어왕 제오염라대왕 안열종관 판관귀왕 이부사직 감

齋直符 泰山洪判官 注死馮判官 都司曹判官 惡福趙
재직부 태산홍판관 주사풍판관 도사조판관 악복조

判官 儀同三司崔判官 千照鬼王 啗獸鬼王 狼牙鬼王
판관 의동삼사최판관 천조귀왕 담수귀왕 낭아귀왕

大那利叉鬼王 注善童子 注惡童子 年直使者 月直使
대나리차귀왕 주선동자 주악동자 연직사자 월직사

者 日直使子 時直使子 監齋使子 直符使者等衆 各並
자 일직사자 시직사자 감재사자 직부사자등중 각병

眷屬 惟願承 三寶力 仗 秘密語 今夜今時 來臨法會
권속 유원승 삼보력 장 비밀어 금야금시 내림법회

受此供養 [세망치]
수차공양

上水澄澄下派淸 鏡懸千古映分明
상수증증하파청 경현천고영분명

邈然海岳歸王化 自是諸賢佐太平[세망치]
막연해악귀왕화 자시제현좌태평

一心奉請 念彼貧人 瀝血之成 供雖不淨 陋巷
일심봉청 염피빈인 역혈지성 공수부정 누항

非時 勸王赴請 第六變成大王 案列從官 判官鬼王 二
비시 권왕부청 제륙변성대왕 안열종관 판관귀왕 이

符四直 監齋直符 功曹鄭判官 法曹胡利判官 泰山屈
부사직 감재직부 공조정판관 법조호리판관 태산굴

利判官 太陰注失判官 主禍鬼王 主耗鬼王 主食鬼王
리판관 태음주실판관 주화귀왕 주모귀왕 주식귀왕

阿那吒鬼王 主善童子 主惡童子 年直使者 月直使子
아나타귀왕 주선동자 주악동자 연직사자 월직사자

日直使者 時直使子 監齋使者 直符使者等衆 各並眷
일직사자 시직사자 감재사자 직부사자등중 각병권

屬 惟願承 三寶力 仗 秘密語 今夜今時 來臨法會 受
속 유원승 삼보력 장 비밀어 금야금시 내림법회 수

此供養 [세망치]
차공양

用儀淸平在得賢 共評公道奏王前
용의청평재득현 공평공도주왕전

寧將勝氣凌孤弱 哀念貧兒一紙錢[세망치]
영장승기능고약 애염빈아일지전

一心奉請 恒沙世界 一時同請 一一普應 如月
일심봉청 항사세계 일시동청 일일보응 여월
印海 第七泰山大王 案列從官 判官鬼王 二符四直 監
인해 제칠태산대왕 안열종관 판관귀왕 이부사직 감
齋直符 泰山五道屈判官 泰山黃判官 泰山薛判官 掌
재직부 태산오도굴판관 태산황판관 태산설판관 장
印判官 掌算判官 主財判官 大阿那吒鬼王 主畜鬼王
인판관 장산판관 주재판관 대아나타귀왕 주축귀왕
主禽鬼王 注善童子 注惡童子 年直使者 月直使者 日
주금귀왕 주선동자 주악동자 연직사자 월직사자 일
直使者 時直使者 監齋使者 直符使者等衆 各並眷屬
직사자 시직사자 감재사자 직부사자등중 각병권속
惟願承 三寶力 仗 秘密語 今夜今時 來臨法會 受此
유원승 삼보력 장 비밀어 금야금시 내림법회 수차
供養 [세망치]
공양

萬國千邦向一時 分身百億應無虧
만국천방향일시 분신백억응무휴

盛朝際會何煩問 臣庶來從聖化儀[세망치]
성조제회하번문 신서내종성화의

一心奉請 不進不退 奉王以道 各履中庸 第八
일심봉청 부진불퇴 봉왕이도 각리중용 제팔
平等大王 案列從官 判官鬼王 二符四直 監齋直符 功
평등대왕 안열종관 판관귀왕 이부사직 감재직부 공

曹司甫判官 泰山凌判官 泰山陸判官 主產鬼王 主獸
조사보판관 태산능판관 태산육판관 주산귀왕 주수

鬼王 主魅鬼王 注善童子 注惡童子 年直使者 月直使
귀왕 주매귀왕 주선동자 주악동자 연직사자 월직사

者 日直使者 時直使者 監齋使者 直符使者等衆 各並
자 일직사자 시직사자 감재사자 직부사자등중 각병

眷屬 惟願承 三寶力 仗 秘密語 今夜今時 來臨法會
권속 유원승 삼보력 장 비밀어 금야금시 내림법회

受此供養  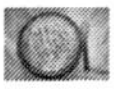  [세망치]
수차공양

數進如斯退卽忠 事君難得古淳風
수진여사퇴즉충 사군난득고순풍

此門別學淸平調 緩急霽彈一曲中[세망치]
차문별학청평조 완급제탄일곡중

一心奉請  罪人出獄 勸善送之 造惡復來 愍誡
일심봉청 죄인출옥 권선송지 조악부래 민계

頑痴 第九都市大王 案列從官 判官鬼王 二符四直 監
완치 제구도시대왕 안열종관 판관귀왕 이부사직 감

齋直符 六曹皇甫判官 府曹陳判官 泰山胡判官 泰山
재직부 육조황보판관 부조진판관 태산호판관 태산

董判官 泰山熊判官 主命判官 五目鬼王 主疾鬼王 主
동판관 태산웅판관 주명판관 오목귀왕 주질귀왕 주

陰鬼王 注善童子 注惡童子 年直使者 月直使者 日直
음귀왕 주선동자 주악동자 연직사자 월직사자 일직

使者 時直使者 監齋使者 直符使者等衆 各並眷屬 惟
사자 시직사자 감재사자 직부사자등중 각병권속 유

願承 三寶力 仗 秘密語 今夜今時 來臨法會 受此供
원승 삼보력 장 비밀어 금야금시 내림법회 수차공

養    [세망치]
양

鐵杖金槌響似雷 劍牙蛇口向人開
철장금추향사뢰 검아사구향인개

此方不是安身處 寧負誡言去復來[세망치]
차방불시안신처 영부계언거부래

一心奉請  不顧身勞 橫行火裡 爲諸衆生 立大
일심봉청 불고신로 횡행화리 위제중생 입대

冥功 第十五道 轉輪大王 案列從官 判官鬼王 二符四
명공 제십오도 전륜대왕 안열종관 판관귀왕 이부사

直 監齋直符 泰山六曹判官 泰山鄭判官 泰山趙判官
직 감재직부 태산육조판관 태산정판관 태산조판관

泰山隖判官 泰山李判官 時通卿判官 中元葛將軍 産
태산오판관 태산이판관 시통경판관 중원갈장군 산

殃鬼王 注善童子 注惡童子 年直使者 月直使者 日直
앙귀왕 주선동자 주악동자 연직사자 월직사자 일직

使者 時直使者 監齋使者 直符使者等衆 各並眷屬 惟
사자 시직사자 감재사자 직부사자등중 각병권속 유

願承 三寶力 仗 秘密語 今夜今時 來臨法會 受此供
원승 삼보력 장 비밀어 금야금시 내림법회 수차공

養  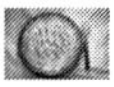  [세망치]
양

火裡探湯自不傷 始知門客化非常
화리탐탕자불상 시지문객화비상

世間沐雨梳風輩 空上凌烟較短長[세망치]
세간목우소풍배 공상능연교단장

一心奉請 惟佛所知 非我境界 事雖違規 不記
일심봉청 유불소지 비아경계 사수위규 불기

其過 大悲行化 七位靈官 難思難量 聖位等衆 不知名
기과 대비행화 칠위영관 난사난량 성위등중 부지명

位 諸 判官等衆 不知名位 諸 鬼王等衆 不知名位 諸
위 제 판관등중 부지명위 제 귀왕등중 부지명위 제

靈官等衆 不知名位 諸 地獄官典等衆 不知名位 諸
영관등중 부지명위 제 지옥관전등중 부지명위 제

使者等衆 不知名位 一切眷屬等衆 惟願承 三寶力 仗
사자등중 부지명위 일체권속등중 유원승 삼보력 장

秘密語 來臨法會 受此供養[세망치]
비밀어 내림법회 수차공양

古來寃債起於親 莫若多生不識人
고래원채기어친 막약다생불식인

向我佛門如廣濟 無緣眞箇大悲恩[몰아뛰기]
향아불문여광제 무연진개대비은

16) 청부향욕편(請赴香浴篇)

명부세계를 관장하기 위한 노고를 풀어드리고자 먼저 중단 성현에게 관욕단으로 향할 것을 발원하는 의식이 바로 청부향욕편이다.

이 의식을 포함하여 이후 중단 관욕의식은 상단관욕의식과 더불어 현행 생전예수재에선 봉행하지 않는다.

(1) 청부향욕편의 음악적 구성

소리는 “절이”(切以)로 시작하기 때문에 유치성과 개계성을 기본으로 한다. 또한 정로진언과 입실게는 현행 관욕의식을 기본으로 복원하였다.

(2) 악기연주를 표시한 청부향욕편

請赴香浴(篇) (청부향욕편) **[유치성] · [개계성]**

切以 至明至聖之冥君 大權大化之臣僚 各垂慈悲 同臨法會 大衆聲鈸 奉迎赴浴

절이 지명지성지명군 대권대화지신요 각수자비 동림법회 대중성발 봉영부욕

〈평염불〉[55)]

正路眞言

정로진언

옴 소실지 나자리다라 나자리다라 모라다예 자라자라

55) 상단 관욕의식과 동일하게 <평염불>로 염송하되 위패를 관욕단에 모실 때까지 진언을 반복한다.

만다만다 하나하나 훔바탁

唵 小室地 羅自哩多羅 羅自哩多羅 母羅多禮 自羅自羅

曼多曼多 訶那訶那 吽縛吒**[염불연결마침쇠]**

(入室偈)
입 실 게

靜室燈明夜色幽**[세망치]**
정 실 등 명 야 색 유

氷壺藻鑑瑞香浮**[세망치]**
빙 호 조 감 서 향 부

天行地步諸神衆
천 행 지 보 제 신 중

來詣蘭湯擧錦幬**[몰 · 연결쇠][관욕쇠]**[56)]
내 예 난 탕 거 금 주

(起經繞匝 察衆 侍豐都牌記事侍 十王牌基餘從官牌
기 경 요 잡 찰 중 시 풍 도 패 기 사 시 십 왕 패 기 여 종 관 패

次次 侍行入於浴室前止樂)[57)]
차 차 시 행 입 어 욕 실 전 지 악

(3) 청부향욕편의 음악적 이해

현행 생전예수재에선 상단과 중단의 관욕의식을 생략하고 있고 송강스님의 『요집』에는 아예 관욕의식 절차가 빠져 있다.[58)] 그러

56) 상단 관욕의식과 더불어 현행 관욕쇠와 요잡바라무를 행한다.

57) 중단 관욕실 앞에 모셨던 위패를 요잡바라무를 행할 때 관욕실로 모실 것을 기술하고 있다.

나 상단과 중단 관욕의식은 불、보살이 강림함을 확인하여 깊은 종교적 믿음을 증대시킬 수 있기 때문에 조선시대 생전예수재 재현을 위해서는 반드시 복원해야 한다. 다음의 악보는 이미 사라져버린 관욕의식의 재현을 위해 『예수시왕생칠재의찬요』에 기술된 가사(歌詞)의 높낮이와 짓는 표시를 근거로 구해스님이 소리한 것을 옮긴 것이다.

먼저, 청부향욕편은 유치성을 기본으로 진행하는데 규칙적인 박자로 이루어지지 않기 때문에 박자와 마디는 표시하지 않았지만, 한 박(♩)을 기준으로 소리가 지어지며 템포는 ♩=52정도로 그다지 느리지 않은 빠르기이다. 첫 시작부분을 악보로 살펴보면 다음과 같다.

[악보 23] 청부향욕편의 시작 부분

소리: 구 해(2009)
채보: 서정매(2010)

청부향욕편의 음폭은 최고음 $b^{\flat'}$(도)와 최저음 d'(미)로 이루어진 단6도로 이루어져 있으며, 미、라、도의 3음 중심으로 구성되어

58) 이와 같은 이유로 인해 1980년대 이후 불교의식을 공부한 범패승의 경우 관욕의식이 존재하고 있는지조차 모르고 생전예수재에 참여하는 경우를 종종 접할 수 있다.

최저음인 d'(미)를 시작음으로 하여 f'(솔)로 종지한다. 다만 종지음 f'(솔)은 흘러내리는 시김새로 되어 있어서, d'(미)로 진행하는 느낌을 주고 있다. 마지막 부분을 악보로 살펴보면 다음과 같다.

[악보 24] 청부향욕편의 마지막 부분

소리: 구 해(2009)
채보: 서정매(2010)

마지막 부분의 '성발'과 '봉영'에서는 '미↗라↘솔↘미'의 짧은 선율형이 두 번 반복되어 이루어지고 이후, 미↗도의 급작스런 6도 상행으로 강조되었다가 이내 '라↘솔↘미'로 하행된다. 즉 '청부향욕편'의 전체적인 선율구조는 '미↗라↗도'로 상승되었다가 다시 최고음인 도에서부터 '라↘솔↘미'로 하행되는 구조로, 최저음인 d'(미)에서 시작하여 4도 위인 g'(라)로 상승하고, 다시 최고음 $b^{\flat'}$(도)로 치솟았다가 이후 선율이 점차 하행된다. 이러한 구조는 시작 부분에서도 나타나고 마지막 부분에서도 같은 선율형으로 이루어져 있는데, 결국 '청부향욕편'은 최저음에서 최고음으로, 최고음에서 다시 최저음으로 이어지는 포물선과 같은 언덕모양의 선율형으로 된 전형적인 메나리조의 선율구조이다.

17) 가지조욕편(加持澡浴篇)

현행 관욕의식에서도 가지조욕편이 존재한다. 상단에선 봉영부욕편이, 그리고 중단에는 가지조욕편이 동일한 목적으로 존재한다. 단지, 상단과 중단의 내용을 달리함으로써 대상의 서열을 구분하고 있다.

(1) 가지조욕편의 음악적 구성

현행 재 의식에서 가지조욕편에 관한 소리가 하단 관욕의식을 통해 전해지고 있기에 소리 복원에는 큰 어려움이 없다. 현행 재 의식에선 그 대상을 하단 영가로 한정지어 편게성을 염송하고 있으나 생전예수재 중단 가지조욕편의 설행 목적과 가사가 동일하기 때문에 중단 가지조욕편도 편게성을 진행해야 할 것으로 여긴다.[59]

---

59) 상단의 봉영부욕편의 시작은 "앙유"와 "절이"로 시작한다. 그렇기에 유치성과 개계성으로 소리하였다. 중단은 현행 하단 관욕 의식의 구성과 내용이 동일하다. 그렇기에 당연히 편게성을 진행할 수 있다. 물론 중단이라고 해서 편게성을 사용하지 않는다는 근거는 전해진 바 없다.

(2) 악기 연주를 표시한 가지조욕편

加持澡浴(篇) [편게성]
가지조욕편

詳夫ㄱ 淨 三業者 無越乎澄心 潔 萬物者 莫過於淸水
상부 정 삼업자 무월호징심 결 만물자 막과어청수

ㄱ 是以ㄱ 謹嚴浴室 特備香湯 希通力以昭彰 愍精誠
시이 근엄욕실 특비향탕 희통력이소창 민정성

而納浴ㄱ 下有灌浴之偈 大衆隨言后和ㄱ
이납욕 하유관욕지게 대중수언후화

[세망치]

(灌浴偈)
관욕게

我今以此香湯水[세망치]
아금이차향탕수

灌浴一切十王衆[세망치]
관욕일체십왕중

身心洗滌令淸淨 證入眞空常樂鄕[세망치]
신심세척영청정 증입진공상락향

〈평염불〉

옴 미마라 출제 사바하[염불마침쇠][60]

唵 尾摩羅 出帝 娑婆訶

(察衆等 跪於帳外 想 冥王沐浴之儀)
찰 중 등 궤 어 장 외 상 명 왕 목 욕 지 의

18) 제성헐욕편(諸聖歇浴篇)

1576년과 1632년 저본에 실린 제성헐욕편에 관한 내용은 사실 앞의 가지조욕편에 포함되어 전해진다. 『석문의범』에는 관욕의식이 끝난 후 명부성현에게 중단에 오를 것을 발원하는 제성헐욕편이 기술되어 있어 보다 자세한 진행 구성을 보여준다.

(1) 제성헐욕편의 음악적 구성

소리의 구성은 “재백시왕등중”(再白十王等衆)으로 시작[61]하기 때문에 편게성으로 해야 할 것으로 여긴다.[62] 또한 헌수게의 경우

60) 이미 청부향욕편에서 관욕 요잡 바라무를 봉행하였기 때문에 현재는 <평염불>로 진행한다. 이는 상단 관욕의식에도 동일하게 적용되었다.

61) 중단 명부성현에게 전하는 것으로 판단하여 편게성으로 정하였다. 또한 앞 가지조욕편에서 이미 편게성을 중심으로 소리를 진행하였기에 가능할 것으로 판단한다.

62) 의식 복원 중 소리부분은 절이、앙유、복위 등이 등장할 경우는 유치、개계

게송의 제목은 다르지만 내용은 다게작법과 동일하기 때문에 일반 게송의 태징 연주법과는 달리 다게작법을 위한 연주법으로 진행한다.

(2) 악기 연주를 표시한 제성헐욕편

諸聖歇浴(篇) **[편게성]**
제 성 헐 욕 편

再白十王等衆 請出於蘭湯 赴 憩寂之華筵 受 檀那之
재 백 십 왕 등 중 청 출 어 란 탕 부 게 적 지 화 연 수 단 나 지

供養 下有獻水之偈 大衆隨言后和
공 양 하 유 헌 수 지 게 대 중 수 언 후 화

[세망치]

(獻水偈)
헌 수 게

今將甘露水 奉獻十王前 鑑察虔懇心
금 장 감 로 수 봉 헌 시 왕 전 감 찰 건 간 심

願垂哀納受**[세망치]**
원 수 애 납 수

願垂哀納受**[세망치]**
원 수 애 납 수

願垂慈悲哀納受**[거불 · 연결쇠][세망치]**63)
원 수 자 비 애 납 수

성을 중심으로 하였고 그 외 관욕의식의 진행은 편게성을 중심으로 하였다. 특히 제성헐욕편의 경우 저본에서 확인할 수 없는 가사이기 때문에 편게성으로 진행함을 밝힌다.

63) [거불、연결쇠]후 [세망치]로 진행한다.

(歇浴偈)
헐 욕 게

以此香湯水[세망치]
이 차 향 탕 수

灌浴十王衆[세망치]
관 욕 시 왕 중

願承法加持
원 승 법 가 지

普獲於淸淨[몰아뛰기]
보 획 어 청 정

19) 출욕참성편(出浴參聖篇)

목욕을 마친 중단 명부성현에게 관욕단에서 나와 상단 불、보살에게 예를 갖추길 발원하는 의식이 출욕참성편이다.

(1) 출욕참성편의 음악적 구성

현행 재 의식에도 출욕참성편이 편게성으로 전해진다. 다만 하단 영가를 대상으로 하고 있어 중단 명부성현과는 차이가 있다. 그러나 생전예수재 중단에서 편게성으로 진행해도 무방하다. 이미 가지조욕편과 제성헐욕편에서 현행 재 의식과 동일한 구성과 가사를 편게성으로 진행하였기 때문이다.[64)]

(2) 악기 연주를 표시한 출욕참성편

出浴參聖(篇) [편게성]
출욕참성편

惟願 冥府十王 一切 僚宰等衆 欲詣道場 先叅聖
유원 명부십왕 일체 요재등중 욕예도량 선참성

衆 請出香浴 速赴淨壇 今當專心 合掌 徐步前行
중 청출향욕 속부정단 금당전심 합장 서보전행

大衆無勞 再伸迎引
대중무로 재신영인

(來臨偈)
내림게

冥間一十大明王[세망치]
명간일십대명왕

能使亡靈到淨邦[세망치]
능사망령도정방

願承佛力來降臨 現垂靈驗坐道場[몰아뛰기]
원승불력래강림 현수령험좌도량

64) 의식 복원을 위해 아직까지 편게성으로 진행할 수 있는 대상을 명확하게 정한 바 없다. 그러므로 범패승은 편게성을 하단에 해당하는 소리로 정할지 아니면 상단은 유치성으로, 중、하단은 편게성으로 구분할 것인지 논의해야 할 것으로 여긴다. 필자는 설명과 같이 동일한 목적과 가사가 존재하므로 상단은 유치、개계성으로, 중、하단은 편게성으로 진행할 것을 제안한다.

20) 참례성중편(參禮聖衆篇)

관욕의식을 마친 중단 명부성현을 중단에 안치하기 전에 상단 앞에 모신 후 먼저, 불·보살에게 예를 올리는 의식이 참례성중편이다. 현행 생전예수재 절차에서도 확인할 수 있는 의식이지만 실제 봉행하는 예가 드물다. 그러나 이 의식을 통해 상단과 중단의 서열을 짐작할 수 있기 때문에 의식 전개상 반드시 봉행해야 한다. 중단 명부성현은 말 그대로 성현의 반열에 올랐지만 아직도 불·보살의 가르침에 따라 성불을 이루려는 중생이기에 상단, 증명단을 향해 예를 올려야 한다. 이와 같은 의식을 통해 참석대중은 보다 깊은 종교적 신앙심을 굳건히 할 수 있다.

(1) 참례성중편의 음악적 구성

현행 생전예수재의 참례성중편은 유치성으로 구성되어 있다. 그러나 필자는 참례성중 역시 편게성으로 구성하는 것이 바람직하다고 판단한다. 이유는 앞에 전개한 중단 관욕의식이 편게성을 중심으로 진행하였기에 의식 전개상 무리가 없고 과거 개성지방에서는 참례성중의 소리 구성을 편게성으로 진행했었다는 증언도 있기 때문이다.[65)]

---

65) 구해스님은 스승이신 장벽응스님이 참례성중편에 관해 설명하기를 "과거 개성지방에서는 참례성중이 글자 그대로 성중(聖衆)에게 이르는 말로 인식하기 때문에 편게성으로 했었지만 서울에서는 이를 청문성·유치성을 한다."고 증언하였다. 결국 과거에는 편게성으로 한 예가 있고 또한 편게성으로 유지해야 의식 진행상 무리가 없는 것이 사실이다. 다만 현행 재 의식에서 편게성이

(2) 악기 연주를 표시한 참례성중편

參禮聖衆(篇) [편게성]
참례성중편

謹白 冥府十王 一切僚宰等衆 卽受虔請 已降道場
근백 명부시왕 일체요재등중 즉수건청 이강도량

當除放逸之心 可發慇懃之意 投誠千種 懇意萬端
당제방일지심 가발은근지의 투성천종 간의만단

想 三寶之難逢 傾一心而信禮 下有叅禮之偈 大衆隨
상 삼보지난봉 경일심이신례 하유참예지게 대중수

言后和)   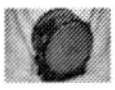  [세망치]
언후화

(普禮偈)
보례게

稽首十方調御師[세망치]
계수십방조어사

三乘五教眞如法[세망치]
삼승오교진여법

菩薩聲聞緣覺衆 一心虔誠歸命禮[세망치]
보살성문연각중 일심건성귀명례

一心頂禮南無盡虛空遍法界十方常住一切佛陀耶衆
일심정례남무진허공편법계시방상주일체불타야중

[세망치]

아닌 유치성으로 소리하는 것은 관욕의식 자체가 빠져 있기 때문에 의식진행을 원만하게 진행하기 위한 변화로 볼 수 있고 중단 성현을 어느 시점부터 상단 성현과 동일한 위치로 판단하여 찬탄、염송한 것일 수도 있다.

惟願慈悲受我頂禮66)[세망치]
유원자비수아정례

一心頂禮南無盡虛空遍法界十方常住一切達摩耶衆
일심정례남무진허공편법계시방상주일체달마야중

[세망치]

惟願慈悲受我頂禮[세망치]
유원자비수아정례

一心頂禮南無盡虛空遍法界十方常住一切僧伽耶衆
일심정례남무진허공편법계시방상주일체승가야중

[세망치]

惟願慈悲受我頂禮[세망치]
유원자비수아정례

爲利諸有情[세망치]
위리제유정

令得三身故[세망치]
영득삼신고

淸淨身語意
청정신어의

歸命禮三寶[몰아뛰기]
귀명례삼보

66) 현행 생전예수재의 경우 “유원자비수아정례”는 “승가야중”이 끝난 후 한 번 하는 것으로 정리되어 있지만 이는 약례로 판단한다. 『석문의범』의 경우는 위와 같이 삼보에 예를 올릴 때마다 “유원자비수아정례”를 반복한다.

21) 헌좌안위편(獻座安位篇)

상단을 바라보고 예를 올린 후 중단에 명부성현을 자리에 안치하는 의식이 헌좌안위편이다. 중단을 위한 의식임을 확인할 수 있는 두 가지가 발견되는데 먼저 중단으로 향할 때 상단 "나무영산회상불보살"과는 차별되는 "법성게"를 염송하고 헌좌게의 진언 또한 "옴 바아라 승하 사바하"가 아닌 "옴 가마라 승하 사바하"로 소리한다. 이것은 본 의식이 상단이 아닌 중단 의식임을 분명히 하는 것이다.

(1) 헌좌안위편의 음악적 구성

소리의 시작은 편게성으로 진행한다. 그러나 현행 재 의식에서는 시간 관계상 소리를 축소하는 경향이 많아 개탁성, 즉 개계성을 줄여서 하는 소리의 형태를 자주 보인다. 이와 같은 형태는 중단 의식이 시작한 이후 두드러지게 나타나는데 이는 의식의 진행상 의식을 마무리할 시간이 임박했기 때문으로 여겨진다.[67] 그러나 이와 같은 재 의식 전개 상황은 결국, 의식의 축소로 이어지고 소

---

67) 사실 현행 생전예수재에서 중단 헌좌안위편을 진행하는 시점은 오후 3시 전후로 봐야 한다. 오전 10시부터 시작한 의식을 빠짐없이 집중하는 것은 쉽지 않지만 범패승을 포함한 참석대중이 서서히 의식의 마무리를 염두에 두고 진행한다는 것은 결국 의식의 축소로 이어지기 쉽다. 필자의 자료수집에서도 중단 이후 염송하는 염불성은 모두 개탁성이다. 결국 소리를 촘촘히 읽어나가며 진행하기 때문에 본래 의식에서 편게성이나 유치성·개계성을 염송하더라도 현장에선 확인 불가능하다.

리 또한 유치、개계성인지 편게성인지 확인할 수 없게 되었다.[68]

(2) 악기 연주를 표시한 헌좌안위편

獻座安位(篇) [편게성]; [개탁성][69]
헌좌안위편

再白冥府十王一切 僚宰等衆 旣淨三業 已禮十方
재백명부시왕일체 요재등중 기정삼업 이례십방

逍遙自在以無拘 寂靜安閑而有樂 玆者 香燈互列
소요자재이무구 적정안한이유락 자자 향등호열

茶果交陳 旣敷筵會以迎門 宜整容儀而就座 下有
다과교진 기부연회이영문 의정용의이취좌 하유

獻座之偈 大衆隨言后和 **[세망치]**
헌좌지게 대중수언후화

(次 如常三動鈸 后 法性偈 引聲繞匝至 庭中止樂 下
차 여상삼동발 후 법성게 인성요잡지 정중지악 하

輦動鈸)[70]
연동발

---

68) 의식의 축소는 당시 소리를 그대로 보전하기 힘들다. 이와 같은 결과로 현행 생전예수재 중단 이후 전개하는 의식의 대부분은 올바르게 소리하지 않고 읽어 내려간다. 이는 현행 견기이작형 재 의식의 오전 절차를 그대로 흡수한 결과로서 올바른 생전예수재 정착에 큰 장애로 꼽을 수 있다.

69) 의식 전개상 편게성이 가능할 것으로 여겨지지만 현행 생전예수재에선 개계성을 줄인 개탁성, 촘촘히 읽어가는 형식을 띄고 있다.

70) 상단과 중단에서 위패를 모셔 옮길 경우 항상 연(輦)을 사용한다.

〈평염불〉

法性偈 (云云)[염불마침쇠]
법성게 운운

(獻座偈)
헌좌게

我[한망치]今敬設寶嚴座
아 금경설보엄좌

普[한망치]獻一切冥王衆
보 헌일체명왕중

願[한망치]滅塵勞妄想心
원 멸진로망상심

速[한망치]圓解脫菩提果
속 원해탈보리과

옴[한망치] 가마라 승하 사바하

唵 伽摩羅 僧賀 娑婆訶

옴[한망치] 가마라 승하 사바하

唵 伽摩羅 僧賀 娑婆訶

옴[한망치] 가마라 승하 사바하

唵 伽摩羅 僧賀 娑婆訶[세망치]

(茶偈)
다게

我今持此一椀茶 便成無盡甘露味 奉獻一切冥府衆
아금지차일완다 변성무진감로미 봉헌일체명부중

惟願哀納受[세망치]
유 원 애 납 수

惟願哀納受[세망치]
유 원 애 납 수

惟願慈悲哀納受[몰아뛰기]
유 원 자 비 애 납 수

22) 기성가지편(祈聖加持篇)

기성가지편을 시작으로 보헌배헌, 공성회향편 등은 1576년 저본에 상、중、하단의 모든 성현을 청해 모신 다음 진행하도록 기술되어 있고 1632년 저본에는 상、중단 성현을 모신 후 시작하는 것으로 되어있다. 『석문의범』에는 이와 같은 두 가지 공양의식을 모두 포함하여 기술하였다. 그러므로 상、중단 이후 이어지는 기성가지편에서 공성회향편 등은 공양의식의 시작과 상、중단 회향의식을 의미하고 있기 때문에 1632년 저본을 기본으로 하는 약례의식으로 볼 수 있다. 본 의식은 네 가지 진언을 염송함으로써 준비한 모든 공양물이 부족함이 없도록 한다. 그러나 정례로 의식을 진행할 경우는 1576년 저본에서 기술한 형태로 공양 올릴 것을 제안한다. 참고로 현행 생전예수재의 경우 상단을 청해 모신 후 바로 보신배헌편을 통해 가지게를 염송함으로써 공양을 올린다.

(1) 기성가지편의 음악적 구성

공양 올리는 대상이 상단 불、보살과 중단 명부성현이기 때문에 소리의 구성은 유치성、개계성이 분명하다. 또한 네 가지 진언으로 모든 공양물을 부족함이 없도록 하는 의식이기 때문에 사다라니 바라무를 진행할 수 있다. 특히 유치성으로 구성하며 진행하다가 "욕성공양지주원"부터 현행 홑소리, 향수나열의 "욕구공양지주원"과 같은 형태로 소리한다.

(2) 악기 연주를 표시한 기성가지편

祈聖加持(篇) [유치성]· [개계성]· [홑소리]
기성가지편

切以 香燈耿耿 玉漏沈沈 正當普供十方 亦可冥資三
절이 향등경경 옥루침침 정당보공십방 역가명자삼

有 茲者 旃檀再爇 蘋藻交着 欲成供養之周圓 須仗加
유 자자 전단재설 빈조교착 욕성공양지주원 수장가

持之變化 仰懇悲智 俯賜證明
지지변화 앙간비지 부사증명

南無十方佛、法、僧 71) [세망치]
나무시방불 법 승

71) 사다라니 바라무로 진행할 경우 태평소 연주는 내림게로 연주한다.

變食眞言[72]
변식진언

나막 살바다타 아다 바로기제 옴 삼바라 삼바라 훔 (3~21번 반복)[73]

那莫 薩婆多陀 我多 婆路其帝 唵 三婆羅 三婆羅 吽

施甘露水眞言
시감로수진언

나무 소로바야 다타아다야 다냐타 옴 소로소로 바라소로 바라소로 사바하

南無 素魯縛耶 怛他揭多耶 怛姪他 唵 素魯素魯 縛羅素魯 縛羅素魯 娑婆訶

一字水輪觀眞言
일자수륜관진언

옴 밤밤밤밤

唵 鍐鍐鍐鍐

---

72) 일자일타 형식으로 반주해야 하나 현행 재 의식에선 리듬과는 관계없이 요령을 흔들어 연주하며 진언은 보다 빨리 염송한다. 이와 같은 이유는 과거 사다라니 네 가지 진언을 21번 염송했다는 것에서 비롯했다는 증언으로 확인할 수 있다.

73) 재 도량 상황에 따라 진언을 길게 염송할 수 있다. 이어지는 진언에도 동일하게 적용할 수 있다.

나무 삼만다 못다남 옴 밤

南無 三滿多 沒陀喃 唵 鑁

23) 보신배헌편(普伸拜獻篇)

기성가지편과 보신배헌편은 생전예수재를 약례로 진행할 경우 상、중단 공양의식이다. 현행 생전예수재에는 보신배헌편이 상단 불、보살을 청한 후 바로 이어지도록 되어 있다. 생전예수재를 정례로 진행할 경우에도 하단에는 이와 같은 의식을 봉행하지 않기 때문에 보신배헌편은 그 대상이 상단과 중단 성현에게만 올리는 의식으로 짐작할 수 있다.

(1) 보신배헌편의 음악적 구성

보신배헌편을 구성하는 음악적 특징은 바로 육법공양과 가지게[74]에 있다. 육법공양과 가지게는 현행 영산작법에서 등장하고 있다.[75] 만약 현행 견기이작형 생전예수재 절차와 같이 이미 앞에서 영산작법을 봉행했다고 가정하면 지금은 보신배헌편과 영산작

74) 본 연구 제1편 제5장 "영산작법"을 참조할 것.

75) 현행 생전예수재를 진행하면서 육법공양을 올리는 예는 찾아보기 힘들다.

법의 공양에 관한 내용 구성이 동일하기 때문에 똑같은 의식을 반복하고 있는 것으로 볼 수 있다.[76] 현행 생전예수재의 경우 상단 불、보살을 청해 모신 후 바로 보신배헌편이 등장하며 공양 올린다.

현행 생전예수재에선 보신배헌편을 주로 <평염불>로 진행한다. 그러나 『석문의범』「영산작법」에 동일한 구성[77]을 "원차" 홑소리[78]로 진행하고 있음을 확인할 때 보신배헌편도 홑소리로 진행하는 것이 옳을 듯싶다. 다만 1576년 저본에 짓는 표시가 전해지는 것으로 미뤄 유치성이나 개계성 심지어 개계성을 줄여서 소리하는 개탁성 등을 기본으로 할 수 있을 것으로 여기지만 안타깝게도 전해지는 소리를 확인할 수 없다.[79]

(2) 악기 연주를 표시한 보신배헌편

普伸拜獻(篇) 〈평염불〉[80]
보 신 배 헌 편

上來 加持已訖 變化無窮 願此香 爲 解脫知見 願
상래 가지이흘 변화무궁 원차향 위 해탈지견 원

---

76) 필자는 생전예수재를 그 목적에 맞게 복원、재현하기 위해서는 영산작법에서의 육법공양의식은 생략하더라도 보신배헌편의 육법공양은 반드시 봉행할 것을 제안한다.

77) 安震湖, 『釋門儀範』, 上卷, 126쪽.

78) 구해스님은 이 홑소리를 특별한 명칭을 부여하지 않고 "원차"소리라고 하였다.

79) 홑소리는 짓는 부분이 없다. 즉, 짓는 표시가 존재한다는 것은 짓소리이거나 이미 확인한 유치성、개계성으로 구성할 수 있음을 의미하기 때문이다.

80) 과거 전해지는 소리를 확인하지 못했기에 <평염불>로 기술하였다. 다만 짓는 표시는 1576년 저본의 내용을 그대로 옮겼다.

此燈 爲 般若智光 願此水 爲 甘露醍醐 願此食 爲
차등 위 반야지광 원차수 위 감로제호 원차식 위

法喜禪悅ᄋ 乃至ᄋ 幡花互列 茶菓交陳ᄋ 卽世諦之莊
법희선열 내지 번화호열 다과교진 즉세체지장

嚴成妙法之供養ᄋ 慈悲所積 定慧所熏 以此香羞 特
엄성묘법지공양 자비소적 정혜소훈 이차향수 특

伸拜獻ᄋ
신배헌

(六法供養后 加持偈)[81]
육법공양후 가지게

[평염불 · 가지게]

以此加持妙供具 供養十方諸佛陀
이차가지묘공구 공양시방제불타

以此加持妙供具 供養十方諸達摩
이차가지묘공구 공양시방제달마

以此加持妙供具 供養十方諸僧伽
이차가지묘공구 공양시방제승가

以此加持妙供具 供養地藏大聖尊
이차가지묘공구 공양지장대성존

以此加持妙供具 供養六光諸菩薩
이차가지묘공구 공양육광제보살

以此加持妙供具 供養三身六天曹
이차가지묘공구 공양삼신육천조

以此加持妙供具 供養道明無毒尊
이차가지묘공구 공양도명무독존

81) 영산작법에서 설명한 육법공양과 가지게 등을 참조하여 동일한 구성으로 진행한다.

以此加持妙供具 供養梵釋諸天衆
이차가지묘공구 공양범석제천중

以此加持妙供具 供養護世四王衆
이차가지묘공구 공양호세사왕중

以此加持妙供具 供養冥府十王衆
이차가지묘공구 공양명부십왕중

以此加持妙供具 供養泰山府君衆
이차가지묘공구 공양태산부군중

以此加持妙供具 供養十八獄王衆
이차가지묘공구 공양십팔옥왕중

以此加持妙供具 供養判官鬼王衆
이차가지묘공구 공양판관귀왕중

以此加持妙供具 供養將軍童子衆
이차가지묘공구 공양장군동자중

以此加持妙供具 供養使者鬼卒衆
이차가지묘공구 공양사자귀졸중

以此加持妙供具 供養不知名位衆
이차가지묘공구 공양부지명위중

(普供養眞言 普回向眞言)**[염불마침쇠]**[82]
보공양진언 보회향진언

24) 공성회향편(供聖回向篇)

여기에 등장하는 공성회향편은 약례로 진행할 경우에 해당한다.

---

82) 의식을 <평염불>로 진행했을 경우에 해당한다.

정례로 의식을 진행할 경우 하단 공양의식까지 마무리된 후에 봉행하는 것으로 확인했기 때문이다. 공성회향편은 생전예수재를 원만하게 회향함이 곧 불、보살과 일체 성현의 가피(加被)가 있었음을 밝히고 이와 같은 인연공덕으로 모든 중생이 성불에 이르기를 발원하는 내용으로 구성되어 있다.

(1) 공성회향편의 음악적 구성

현행 생전예수재에서는 발원문 형식으로 소리를 읽어 내려가며 진행한다. 그러므로 유치성이나 개계성으로 구성하기보다는 가사의 높낮이를 중심으로 진행하는데 1576년 『예수시왕생칠재의찬요』의 경우 짓는 부분이 표시[83]되어 있어 유치성으로 진행했을 가능성이 크다.

(2) 악기 연주를 표시한 공성회향편

供聖回向(篇) [유치성]
공성회향편

上來 修齋情旨 已具敷宣 恭望慈悲 俯垂照鑑 伏
상래 수재정지 이구부선 공망자비 부수조감 복

---

83) 이미 밝혔듯이 1576년 『예수시왕생칠재의찬요』 간행을 위한 목판본에서는 짓는 표시를 확인할 수 없다. 다만 현재 국립중앙도서관에 보관되어 있는 1576년 본에는 언제 기술한 것인지 그 시점을 가늠할 수 없는 짓는 표시가 되어 있고 필자는 이것을 근거로 본서에 옮겼다.

願 三界九有 念念證眞 六趣四生 新新作佛 修齋
원 삼계구유 념념증진 육취사생 신신작불 수재

施主 萬善莊嚴 受薦亡靈 九蓮化往 風調雨順 國
시주 만선장엄 수천망령 구련화왕 풍조우순 국

泰民安 佛日增輝 法輪常轉 然後願 竪窮三際 橫
태민안 불일증휘 법륜상전 연후원 수궁삼제 횡

徧十方 等沐良緣 齊登覺岸 念 十方三世一切諸佛
변십방 등목양연 제등각안 념 시방삼세일체제불

諸尊菩薩摩訶薩 摩訶般若婆羅密
제존보살마하살 마하반야바라밀

25) 소청고사판관편(召請庫司判官篇)

정례로 의식을 진행 할 경우에는 상단과 중단의 성현을 청해 관욕의식을 행한 후 바로 하단의식으로 진행된다. 소청고사판관편은 이와 같은 하단의식의 시작을 의미한다. 고사、판관은 명부성현이라기보다는 명부관리로 인식할 수 있기에 하단에 모시는데 명부관리를 청하는 이유는 곧 전생 빚을 명부세계에 갚음을 증명받기 위해서다.

(1) 소청고사판관편의 음악적 구성

소청고사판관편에서 유의 깊게 살펴야 할 것이 바로 금은전이운

의식이다. 현행 생전예수재의 경우 대부분 생전예수재 본 의식을 시작하기에 앞서 금은전이운의식을 봉행한다. 그러나 정법은 현재, 하단의식을 시작하기 전에 금은전이운의식을 행한다. 참고로 금은전이운의식에선 불·보살을 이운할 때 대중이 소리하는 짓소리 "나무영산회상불보살"이 아닌 경전을 이운할 때 소리하는 짓소리 "나무마하반야바라밀"을 염송해야 한다.

하단이라도 유치는 반드시 유치성으로 진행한다. 하단의식에는 관욕의식이 없기 때문에 편게성은 쓰이지 않는다.

(2) 악기 연주를 표시한 소청고사판관편

召請庫司判官(篇) [거불쇠]
소청고사판관 편

南無十方常住佛[거불쇠]
나무시방상주불

南無十方常住法[거불쇠]
나무시방상주법

南無十方常住僧[몰아뛰기]·[몰·약쇠][84]
나무시방상주승

(次 金銀錢移運 轉鍾及鳴鈸)
차 금은전이운 전종급명발

---

84) [몰아뛰기]나 [몰·약쇠]로 연주한다.

(振鈴偈)
진령게

以[한망치]此振鈴伸召請
이　　　　차진령신소청

庫[한망치]司諸君願遙知
고　　　　사제군원요지

願[한망치]承三寶力加持
원　　　　승삼보력가지

今[한망치]夜今時來赴會
금　　　　야금시래부회

普召請眞言
보소청진언

나무 보보제리 가리다리 다타 아다야 (3번 반복)

南謨 步步帝里 加里多里 多陀 我多野

(由致) [유치성]
유치

切以 閻羅而下 相次十王 各位部署 慮條而爲治化
절이 염라이하 상차십왕 각위부서 려조이위치화

乃至分司列職 僚宰諸臣 咸悉備焉 恭惟庫司判官
내지분사열직 요재제신 함실비언 공유고사판관

靈機不測 妙慧難思 上奉冥界之錢財 下昭人間之壽
령기불측 묘혜난사 상봉명계지전재 하소인간지수

生 出納取與 不遺毫髮 由是 備諸珍饌 嚴列冥錢
생 출납취여 불유호발 유시 비제진찬 엄열명전

至心懇意 以伸供養 伏願 各運懽炘之意 咸赴法
지심간의 이신공양 복원 각운환흔지의 함부법

筵之壇 仰表一心 先陳三請
연지단 앙표일심 선진삼청

一心奉請 威風凜烈 靈鑑昭彰 明察人間 眞妄
일심봉청 위풍늠렬 영감소창 명찰인간 진망

是非 本命元神 列局諸曹 第某庫 曹官司君 並從眷屬
시비 본명원신 열국제조 제모고 조관사군 병종권속

惟願承 三寶力 降臨道場 受此供養 [세망
유원승 삼보력 강림도량 수차공양

치]

(歌詠)
가영

司君位寄閻羅下 明察人間十二生
사군위기염라하 명찰인간십이생

錢財領納無私念 靈鑑昭彰利有情 [세망치]
전재영납무사염 영감소창이유정

26) 보례삼보편(普禮三寶篇)

하단, 명부관리가 도량에 강림한 목적은 참석대중이 정성스럽게 마련한 전생 빚을 받아 명부세계로 옮기기 위함이다. 그러나 명부관리도 성불을 위해 상단 불、보살과 중단 성현의 가르침에 따라 제도 받아야 하는 중생이므로 도량에 도착하면 먼저 상단 불、보살과 중단 명부성현에게 예를 올려야 한다. 이와 같은 의식이 바로 보례삼보편이다. 중단성현의 경우에도 관욕의식이 끝나고 중단에 안치하기 전에 상단 불、보살에게 예를 올렸는데 지금의 보례삼보편도 이와 같은 동일한 목적으로 진행한다.

(1) 보례삼보편의 음악적 구성

현행 생전예수재에서 하단 의식의 올바른 소리 구성을 확인하기는 힘들다. 대부분 개탁성 형식으로 읽어 내려가거나 진행 시간의 한계로 의식을 아예 생략하기 때문이다. 그러나 보례삼보편의 내용은 이미 확인한 중단 관욕 의식과 현행 재 의식에서 영가를 대상으로 하는 하단 관욕의식과 동일한 가사로 구성되어 있으므로 편게성으로 진행한다.[85]

(2) 악기 연주를 표시한 보례삼보편

普禮三寶篇 (보례삼보편) **[편게성]**

(種頭奉 庫司幡普禮)
(종두봉 고사번보례)

---

85) 가사 중 "기수건청(旣受虔請)、이강향단(已降香壇)、상삼보지난봉(想三寶之難逢)、경일심이신례(傾一心而信禮)、하유보례지게(下有普禮之偈)、대중수언후화(大衆隨言后和)" 등은 현행 관욕의식에서 편게성으로 염송하고 있다.

謹白庫官等衆 既受虔請 已降香壇 當除放逸之心 可
근백고관등중 기수건청 이강향단 당제방일지심 가

發殷勤之意 投誠千種 懇意萬端 想 三寶之難逢 傾
발은근지의 투성천종 간의만단 상 삼보지난봉 경

一心而信禮 下有普禮之偈 大衆隨言后和
일심이신례 하유보례지게 대중수언후화

[세망치]

普禮十方無上尊 五智十身諸佛陀[세망치]
보례시방무상존 오지십신제불타

普禮十方離欲尊 五教三乘諸達摩[세망치]
보례시방이욕존 오교삼승제달마

普禮十方衆中尊 大乘小乘諸僧伽[거불쇠][86]
보례시방중중존 대승소승제승가

(次 禮中位壇)
차 례중위단

普禮酆都大帝衆[세망치]
보례풍도대제중

普禮十王府君衆[세망치]
보례시왕부군중

普禮判官鬼王衆[거불쇠][87]
보례판관귀왕중

86) 상단에 올리는 예의 마무리를 의미하기 때문에 [거불쇠]를 연주한다.
87) 중단에 올리는 예의 마무리를 뜻하므로 [거불쇠]를 연주한다.

(三壇普禮后還至本壇前立如常也)
삼 단 보 례 후 환 지 본 단 전 립 여 상 야

27) 수위안좌편(受位安座篇)

상단과 중단 성현에게 예를 올린 하단 명부관리를 하단으로 모셔 안치시키는 의식이 바로 수위안좌편이다. 이때 상、중단과 차별하게 진행하는 것은 바로 헌좌게가 빠져있다는 것이다. 이는 그 대상의 지위를 상징하고 있는 것으로 판단할 수 있는데 상단은 "옴 바아라 승하 사바하"를, 중단엔 "옴 가마라 승하 사바하"를 염송하지만 하단에는 헌좌게를 염송하지 않는다. 물론 1576년과 1632년 저본에도 헌좌게는 기술되어 있지 않다. 그러나 현행 생전예수재의 경우 하단 명부관리를 중단 명부성현과 동일시하여 중단 헌좌게를 염송한다. 참고로 예를 올리고 위패를 하단에 옮길 때는 『반야심경』을 염송한다.[88)]

(1) 수위안좌편의 음악적 구성

현행 생전예수재에선 소리를 읽어 내려가는 개탁성 형식으로 진

---

88) 이미 설명한 대로 위패를 옮길 때 상단의 경우 "나무영산회상불보살"을 소리하고 중단의 경우는 『법성게』를 그리고 하단일 경우는 『반야심경』을 염송하도록 기술하고 있음을 확인할 때 상단과 중단 그리고 하단에 청해지는 대상은 그 지위와 강림 목적이 명확하게 구분되어 있음을 확인할 수 있다.

행하고 있지만 하단의식이기 때문에 편게성으로 진행한다.[89]

(2) 악기 연주를 표시한 수위안좌편

受位安座(篇) [편게성]
수위안좌편

切以 信心有感 情誠必應於神聰 靈鑑無私 部馭已臨
절이 신심유감 정성필응어신총 영감무사 부어이림

於勝會 如是靈馭 已降道場 大衆虔誠 諷經安座
어승회 여시영어 이강도량 대중건성 풍경안좌

[세망치]

(誦 心經 忙則奉茶偈 宣 緘合疏 領受錢 上放火 還
송 심경 망즉봉다게 선 함합소 영수전 상방화 환

向聖位前 誦 金剛經 及 壽生經 后 準卷盡燒而次誦
향성위전 송 금강경 급 수생경 후 준권진소이차송

經 五供養 后 精勤鳴鈸祝願)
경 오공양 후 정근명발축원

(茶偈)
다게

今將甘露茶 奉獻庫司前 鑑察虔懇心
금장감로다 봉헌고사전 감찰건간심

---

89) 반복된 설명이지만 하단이기 때문에 편게성으로 진행해야 하는 분명한 근거는 없다. 가사의 내용도 "절이"로 시작하고 있어 유치성으로도 진행할 수 있기 때문이다. 그러나 이미 정의했듯이 상단의식의 진행은 유치성과 개계성으로 진행하고 중, 하단의 경우엔 편게성으로 진행할 것을 제안한다.

願垂哀納受[세망치]
원 수 애 납 수

願垂哀納受[세망치]
원 수 애 납 수

願垂慈悲哀納受[몰아뛰기]
원 수 자 비 애 납 수

28) 제위진백편(諸位陳白篇)

현재 범패승들은 제위진백편을 하단 공양의식으로 인식하는 경우가 있는데 제위진백편은 상、중、하단의 모든 불、보살을 비롯한 명부성현과 명부관리를 그 대상으로 하고 있기 때문에 정례로 의식을 진행할 경우 공양의식에 해당한다고 볼 수 있다. 즉, 상、중단의 성현을 모신 후 공양을 올리는 약례와 달리 정례로 의식을 진행할 경우 상、중、하단을 모두 청한 후 공양의식을 진행한다. 내용은 법당 내에 자리한 거룩한 성현에게 참석대중이 정성스럽게 마련한 공양을 올리게 됨을 밝히고 그 공양물을 받아줄 것을 간청하는 내용을 담고 있다.

(1) 제위진백편의 음악적 구성

현행 생전예수재의 경우 소리를 짓지 않고 읽어 내려가며 진행하고 있어 짓는 부분을 포함한 올바른 소리를 확인할 수[90] 없지만 공양을 올리는 대상에 상단 불、보살을 포함하고 있기 때문에 유치성과 개계성으로 소리함이 마땅하다.

(2) 악기 연주를 표시한 제위진백편

諸位陳白(篇) [유치성]· [개계성]
제위진백편

勤白 闔堂聖衆 今夜今時 虔伸召請 諒垂慈悶 特
근백 합당성중 금야금시 건신소청 양수자민 특

降香筵 乃緣世俗之相傳 排列寶位之坐次 實慮 尊
강향연 내연세속지상전 배열보위지좌차 실려 존

卑錯序 各位差殊 盖爲凡流 不知高下 伏望 摠鑑
비착서 각위차수 개위범류 부지고하 복망 총감

次第就座 各賜寬容 矜恤誠虔 欣受供養 無任懇禱 激
차제취좌 각사관용 긍휼성건 흔수공양 무임간도 격

切之至
절지지

〈평염불〉

欲建曼拏羅先誦[91] 淨法界眞言
욕건만나라선송 정법계진언

옴 남[92] [염불마침쇠]

90) 필자의 현장조사 결과에 의하면 함합소 염송을 제외한 대부분의 하단의식은 생략하며 진행한다.

91) 『석문의범』에서는 "욕건만다라선송"을 염송하지 않는 것으로 밝히고 있으나 현행 재 의식의 경우 꼭 소리할 것을 강조한다.

92) "옴남"은 3~21번까지 상황에 따라 반복할 수 있다.

唵 喃

(茶偈)
다 계

我今諷誦秘密呪 流出無邊廣大供 普供無盡三寶前
아 금 풍 송 비 밀 주 유 출 무 변 광 대 공 보 공 무 진 삼 보 전

願垂哀納受[세망치]
원 수 애 납 수

願垂哀納受[세망치]
원 수 애 납 수

願垂慈悲哀納受[몰 · 연결쇠][거불쇠][93]
원 수 자 비 애 납 수

29) 가지변공편(加持變供篇): 상단

정례로 공양의식을 진행할 경우 먼저 상단 불、보살 전에 공양을 올린다. 상단 공양의식에는 "절이"로 시작하는 발원문이 포함되어 있는데 이는 약례로 의식을 진행할 경우의 보신배헌편과 그 목적을 같이하는 것으로 여겨진다. 물론 현재의 발원문은 그 대상을 상단 불、보살로 한정지어 생각할 수 있다.

93) 이미 "욕건만다라선송"부터 상단 공양의식은 시작하였기 때문에 [몰、연결쇠]와 [거불쇠]로 진행한다. 즉, 제위진백편과 가지변공편은 분리된 의식이 아닌 연결된 의식으로 봐야 한다. 이는 상、중、하단의 공양의식에도 그대로 적용된다.

(1) 상단 가지변공편의 음악적 구성

공양의식은 먼저 유치성과 개계성을 중심으로 소리하다가 "욕성공양지주원"부터 사다라니 바라무의 홑소리로 진행한다. 다음 "특사가지"부터 대중소리인 짓소리로 이어간다. 이어 사다라니 바라무와 가지게를 염송하며 공양을 올리고 이후 축원을 올려 재 의식에 참여한 참석대중의 발원을 염원한다. 또한 중단 권공, 즉 명부성현에게 올리는 공양의식으로 연결하며 진행하는데 바로 "욕건만다라선송"부터가 그것이다. 참고로 상단 공양의식은 이미 상단 가지변공편을 시작하기에 앞서 제위진백편의 "욕건만다라선송"부터 진행되었음을 인지해야 한다.

(2) 악기 연주를 표시한 상단 가지변공편

加持變供(篇) (가지변공편) **[유치성] · [개계성] · [홑소리] · [짓소리]**

切以 淨壇旣設 香供斯陳 微塵之刹在前 滿月之容
절이 정단기설 향공사진 미진지찰재전 만월지용

降會 旃檀再爇 蘋藻交陳 欲成供養之周圓 須仗加持
강회 전단재설 빈조교진 욕성공양지주원 수장가지

之變化 仰惟三寶特賜加持
지변화 앙유삼보특사가지

[사다라니 바라무], 94)

南無十方佛
나무시방불

南無十方法
나무시방법

南無十方僧
나무시방승

變食眞言
변식진언

나막 살바다타 아다 바로기제 옴 삼바라 삼바라 훔

那莫 薩婆多陀 我多 婆路其帝 唵 三婆羅 三婆羅 吽

施甘露水眞言
시감로수진언

나무 소로바야 다타아다야 다냐타 옴 소로소로 바라소로 바라소로 사바하

南無 素魯縛耶 怛他揭多耶 怛姪他 唵 素魯素魯 縛羅素魯 縛羅素魯 娑婆訶

一字水輪觀眞言
일자수륜관진언

옴 밤밤밤밤

94) 만약 사다라니 바라무를 행하지 않을 경우 요령만 연주하며 진언을 세 번 반복 염송한다.

唵 鑁鑁鑁鑁

乳海眞言
유 해 진 언

나무 삼만다 못다남 옴 밤

南無 三滿多 沒陀喃 唵 鑁

[훈소리] · [가지게]

上來加持已訖 供養將陳 以此香羞 特伸供養
상 래 가 지 이 흘 공 양 장 진 이 차 향 수 특 신 공 양

以此加持妙供具 供養三身諸佛陀
이 차 가 지 묘 공 구 공 양 삼 신 제 불 타

以此加持妙供具 供養地藏大聖尊
이 차 가 지 묘 공 구 공 양 지 장 대 성 존

以此加持妙供具 供養六光菩薩衆
이 차 가 지 묘 공 구 공 양 륙 광 보 살 중

以此加持妙供具 供養化身六天曹
이 차 가 지 묘 공 구 공 양 화 신 육 천 조

以此加持妙供具 供養道明無毒衆
이 차 가 지 묘 공 구 공 양 도 명 무 독 중

以此加持妙供具 供養梵釋諸天衆
이 차 가 지 묘 공 구 공 양 범 석 제 천 중

以此加持妙供具 供養護世四王衆
이 차 가 지 묘 공 구 공 양 호 세 사 왕 중

不捨慈悲受此供 施作佛事度衆生
불 사 자 비 수 차 공 시 작 불 사 도 중 생

(次 普供養呪 回向呪 楞嚴呪 吉祥呪 成就眞言 補闕
차 보공양주 회향주 릉엄주 길상주 성취진언 보궐

眞言后 祝願可也)
진언후 축원가야

(中壇勸供)[95]
중단권공

〈평염불〉

(欲建曼拏羅先誦)
욕건만나라선송

淨法界眞言
정법계진언

옴 남

唵 喃

(茶偈)
다게

我今化出百千手 各執香花燈茶果 奉獻冥間大會前
아금화출백천수 각집향화등다과 봉헌명간대회전

願垂哀納受[세망치]
원수애납수

願垂哀納受[세망치]
원수애납수

願垂慈悲哀納受[몰 · 연결쇠][거불쇠]
원수자비애납수

95) 상단 가지변공편에 기술되어 있지만 여기부터 중단 공양의식으로 봐야 한다. 그러므로 이어지는 다게의 마지막 "원수자비애납수"의 태징 연주에는 반드시 [연결쇠]가 포함되어야 한다.

30) 가지변공편(加持變供篇): 중단

이미 상단 가지변공편 "욕건만다라선송"부터 중단 공양의식은 시작하였다. 중단의식에는 상단과 같이 "절이"로 시작하는 발원문이 존재하는데 이는 약례의 보신배헌편과 같은 역할을 하는 것으로 여겨지며 그 대상은 중단 명부성현으로 한정지어 생각할 수 있다.

(1) 중단 가지변공편의 음악적 구성

현행 생전예수재의 경우 중단 발원문은 상단과 같이 유치성과 개계성을 중심으로 진행하다가 "욕성공양지주원"부터 홑소리로 전환하고 이후 "부사가지"에서 다시 짓소리로 바꿔 소리한다.[96] 다음 사다라니 바라무와 가지게를 통해 공양을 올리는데 이때 중요한 것은 가지게가 시작하기 전에 육법공양의식[97]을 진행한다는 것과 중단 공양의식이 끝나고 난 후 화청 법문으로 이어간다는 것이다. 약례로 공양의식을 진행할 경우에는 보신배헌편을 통해 상､중단에 모두 육법공양을 올렸지만 정례일 경우엔 중단에만 올리는 것으로 확인하였다. 이와 같은 의식을 통해 생전예수재의 설행대상이 곧 중단, 명부성현에 있음을 확인할 수 있다.

---

96) 홑소리의 경우 짓는 부분 없이 진행하는데 1576년 저본의 경우 "욕성공양"에 짓는 표시가 되어 있는 것으로 미뤄 조선시대에는 유치성으로만 존재했을 가능성이 있다.

97) 1576년 저본의 경우 중단권공의식에 보신배헌편을 기술함으로써 이때 육법공양의식을 올리도록 되어 있다. 朴世敏, 『韓國佛敎儀禮資料叢書』, 第二輯, 83쪽.

생전예수재의 화청은 흔히 불가에서 전해지는 회심곡과 동일한 것으로 인식하고 있는데 사십구재나 영가 천도재 등의 영가를 위로하는 일반적인 화청 내용과는 그 목적이 다른 화청 가사가 전해진다. 이와 같은 화청 가사는 1576、1632년 그리고 『석문의범』에서 확인할 수 있고 이는 화청법문이 16세기 이전부터 가사의 내용을 달리하며 전해졌던 것으로 짐작하게 한다.98)

(2) 악기 연주를 표시한 중단 가지변공편

加持變供(篇) [유치성]· [개계성]· [홑소리]· [짓소리]
가지변공(편)

(鳴鈸 讀別疏 后)
명발 독별소 후

切以 香燈耿耿 玉漏沈沈 正當普供十王 亦可冥資
절이 향등경경 옥루침침 정당보공십왕 역가명자

三有 玆者 重伸激切 再爇名香 欲成供養 之周圓 須
삼유 자자 중신격절 재설명향 욕성공양 지주원 수

---

98) 동봉정휴스님은 내용 구성상 이를 청사(請詞)의 한 형태로 보고 『일원권』에 기술하고 있으나 필자는 이를 화청가사로 본다. 첫째, 가사 내용구성 중 "지심걸청"으로 시작하는 불교 의식은 유일하게 화청법문에서 찾아 볼 수 있고 둘째, 각 단을 구분하여 염송하는 청사와 달리 먼저 상단, 증명단에 불、보살의 명호와 발원을 염송하고 이어 중상단, 중중단, 중하단으로 이어가며 상단과 중단의 구분 없이 그 명호와 함께 발원하는 형식을 취하고 있기 때문에 청사로 보기 힘들다. 셋째, 이미 앞에서 공양 의식을 진행했기 때문에 다시 중단 성현을 청할 이유가 없어 청사의식으로 볼 수 없다.

仗加持之變化 仰惟冥鑒 俯賜加持
장가지지변화 앙유명감 부사가지

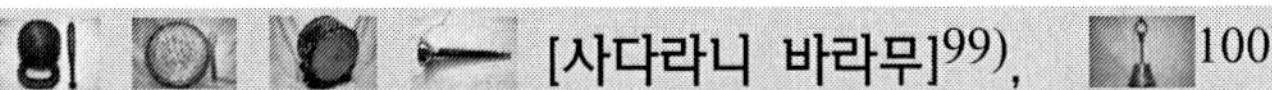

[사다라니 바라무][99], [100]

南無十方佛
나무시방불

南無十方法
나무시방법

南無十方僧
나무시방승

[홀소리] · [가지게]

上來加持已訖 變化無窮 以此香羞 特伸供養
상래가지이흘 변화무궁 이차향수 특신공양

以此加持妙供具 供養酆都大宰尊
이차가지묘공구 공양풍도대재존

以此加持妙供具 供養十王冥府衆
이차가지묘공구 공양십왕명부중

以此加持妙供具 供養泰山府君衆
이차가지묘공구 공양태산부군중

---

99) 『석문의범』의 본문에는 사다라니 진언이 기술되지 않았지만 이는 실수로 누락한 것으로 짐작할 수 있다. 1576년 저본에는 보신배헌편 시작 전에 사다라니 진언에 관해 "云云"으로 기술하고 있기 때문에 공양의식은 사다라니 바라무로 진행해야 한다.

100) 만약 사다라니 바라무를 행하지 않을 경우 요령만 연주하며 진언을 세 번 반복 염송한다.

以此加持妙供具 供養十八獄王衆
이차가지묘공구 공양십팔옥왕중

以此加持妙供具 供養諸位判官衆
이차가지묘공구 공양제위판관중

以此加持妙供具 供養諸位鬼王衆
이차가지묘공구 공양제위귀왕중

以此加持妙供具 供養將軍童子衆
이차가지묘공구 공양장군동자중

以此加持妙供具 供養衙內從官衆
이차가지묘공구 공양아내종관중

以此加持妙供具 供養使者卒吏衆
이차가지묘공구 공양사자졸리중

以此加持妙供具 供養不知名位衆
이차가지묘공구 공양부지명위중

悉皆受供發菩提 永離一切諸惡道
실개수공발보리 영리일체제악도

(普供養眞言 普回向眞言 次 誦金剛心呪 次成就呪
보공양진언 보회향진언 차 송금강심주 차성취주

補闕呪后 歎白 當伊時至十王壇 奉錢退于庫司壇也
보궐주후 탄백 당이시지십왕단 봉전퇴우고사단야

次誦般若心經三遍後 和請)
차송반야심경삼편후 화청

[화청]

南無 一心奉請 大悲爲本 陰陽二界 現無邊身 廣濟群
나무 일심봉청 대비위본 음양이계 현무변신 광제군

迷 世尊收化 而白佛言 末世衆生 我乃盡度 居歡喜國
미 세존수화 이백불언 말세중생 아내진도 거환희국

南方化主 今日道場 若不降臨 誓願安在 是我本尊 地
남방화주 금일도량 약불강림 서원안재 시아본존 지
藏大聖 爲首 龍樹菩薩 觀世音菩薩 常悲菩薩 陀羅尼
장대성 위수 룡수보살 관세음보살 상비보살 다라니
菩薩 金剛藏菩薩 道明和尙 無毒鬼王 六大天王 第一
보살 금강장보살 도명화상 무독귀왕 육대천왕 제일
秦廣大王 第二初江大王 第三宋帝大王 第四五官大
진광대왕 제이초강대왕 제삼송제대왕 제사오관대
王 第五閻羅大王 第六變成大王 第七泰山大王 第八
왕 제오염라대왕 제륙변성대왕 제칠태산대왕 제팔
平等大王 第九都市大王 第十五道轉輪大王 興大悲
평등대왕 제구도시대왕 제십오도전륜대왕 흥대비
心 攝受齋者 現增福壽 當生淨刹
심 섭수재자 현증복수 당생정찰

至心乞請 第一王各陪 泰山柳判官 泰山周判 官太陰
지심걸청 제일왕각배 태산유판관 태산주판 관태음
夏候判官 那利失鬼王 惡毒鬼王 負石鬼王 大諍鬼王
하후판관 나리실귀왕 악독귀왕 부석귀왕 대쟁귀왕
注善童子 注惡童者 日直使者 月直使者 興大悲心 攝
주선동자 주악동자 일직사자 월직사자 흥대비심 섭
受齋者 現增福壽 當生淨刹
수재자 현증복수 당생정찰

至心乞請 第二王各陪 泰山王判官 泰山宋判官 都推
지심걸청 제이왕각배 태산왕판관 태산송판관 도추
盧判官 泰山楊判官 大那利失鬼王 上元周將軍 三目
노판관 태산양판관 대나리실귀왕 상원주장군 삼목

鬼 王血虎鬼王 多惡鬼王 注善童子 注惡童子 日直使
귀 왕혈호귀왕 다악귀왕 주선동자 주악동자 일직사
者 月直使者 興大悲心 攝受齋者 現增福壽 當生淨刹
자 월직사자 흥대비심 섭수재자 현증복수 당생정찰

至心乞請 第三王各陪 泰山河判官 泰山柳判官 司命
지심걸청 제삼왕각배 태산하판관 태산유판관 사명
判官 司祿判官 泰山舒判官 下元唐將軍 白虎鬼王 赤
판관 사록판관 태산서판관 하원당장군 백호귀왕 적
虎鬼王 注善童子 注惡童子 日直使者 月直使者 興大
호귀왕 주선동자 주악동자 일직사자 월직사자 흥대
悲心 攝受齋者 現增福壽 當生淨刹
비심 섭수재자 현증복수 당생정찰

至心乞請 第四王各陪 泰山蕭判官 泰山勝判官 諸司
지심걸청 제사왕각배 태산소판관 태산승판관 제사
檢覆判官 司曹裵判官 飛身鬼王 那利叉鬼王 電光鬼
검복판관 사조배판관 비신귀왕 나리차귀왕 전광귀
王 注善童子 注惡童子 日直使者 月直使者 興大悲心
왕 주선동자 주악동자 일직사자 월직사자 흥대비심
攝受齋者 現增福壽 當生淨刹
섭수재자 현증복수 당생정찰

至心乞請 第五王各陪 泰山洪判官 注司馬判官 司曹
지심걸청 제오왕각배 태산홍판관 주사마판관 사조
判官 惡福趙判官 儀同崔判官 千照鬼王 啗獸鬼王 狼
판관 악복조판관 의동최판관 천조귀왕 담수귀왕 낭
牙鬼王 大那利叉鬼王 注善童子 注惡童子 日直使者
아귀왕 대나리차귀왕 주선동자 주악동자 일직사자

月直使者 興大悲心 攝受齋者 現增福壽 當生淨刹
월직사자 흥대비심 섭수재자 현증복수 당생정찰

至心乞請 第六王各陪 功曹鄭判官 法曹胡判官 泰山
지심걸청 제륙왕각배 공조정판관 법조호판관 태산

屈判官 太陰注失判官 主禍鬼王 主耗鬼王 主食鬼王
굴판관 태음주실판관 주화귀왕 주모귀왕 주식귀왕

阿那吒鬼王 注善童子 注惡童子 日直使者 月直使者
아나타귀왕 주선동자 주악동자 일직사자 월직사자

興大悲心 攝受齋者 現增福壽 當生淨刹
흥대비심 섭수재자 현증복수 당생정찰

至心乞請 第七王各陪 五道屈判官 泰山黃判官 泰山
지심걸청 제칠왕각배 오도굴판관 태산황판관 태산

薛判官 掌算判官 主財鬼王 大阿那吒鬼王 主畜鬼王
설판관 장산판관 주재귀왕 대아나타귀왕 주축귀왕

主禽鬼王 注善童子 注惡童子 日直使者 月直使者 興
주금귀왕 주선동자 주악동자 일직사자 월직사자 흥

大悲心 攝受齋者 現增福壽 當生淨刹
대비심 섭수재자 현증복수 당생정찰

至心乞請 第八王各陪 功曹蕭判官 泰山淩判官 泰山
지심걸청 제팔왕각배 공조소판관 태산능판관 태산

睦判官 主産鬼王 主獸鬼王 四目鬼王 主魃鬼王 注善
목판관 주산귀왕 주수귀왕 사목귀왕 주발귀왕 주선

童子 注惡童子 日直使者 月直使者 興大悲心 攝受齋
동자 주악동자 일직사자 월직사자 흥대비심 섭수재

者 現增福壽 當生淨刹
자 현증복수 당생정찰

至心乞請 第九王各陪 六曹皇甫判官 府曹陳判官 泰
지심걸청 제구왕각배 육조황보판관 부조진판관 태

山胡判官 泰山董判官 泰山熊判官 主禽鬼王 五目鬼
산호판관 태산동판관 태산웅판관 주금귀왕 오목귀

王 主疾鬼王 主陰鬼王 注善童子 注惡童子 日直使者
왕 주질귀왕 주음귀왕 주선동자 주악동자 일직사자

月直使者 興大悲心 攝受齋者 現增福壽 當生淨刹
월직사자 흥대비심 섭수재자 현증복수 당생정찰

至心乞請 第十王各陪 六曹睦判官 泰山鄭判官 泰山
지심걸청 제십왕각배 육조목판관 태산정판관 태산

趙判官 泰山鄔判官 泰山李判官 時通卿判官 中元葛
조판관 태산오판관 태산이판관 시통경판관 중원갈

將軍 産殃鬼王 主福鬼王 注善童子 注惡童子 日直使
장군 산앙귀왕 주복귀왕 주선동자 주악동자 일직사

者 月直使者 興大悲心 攝受齋者 現增福壽 當生淨刹
자 월직사자 흥대비심 섭수재자 현증복수 당생정찰

泰山府君難思難量 不知名位聖位都前 不知名位判官
태산부군난사난량 부지명위성위도전 부지명위판관

都前 不知名位鬼王都前 不知名位靈官都前 不知名
도전 부지명위귀왕도전 부지명위영관도전 부지명

位使者都前 不知名位一切眷屬都前 興大悲心 攝受
위사자도전 부지명위일체권속도전 흥대비심 섭수

齋者 現增福壽 當生淨刹
재자 현증복수 당생정찰

(精進鳴鈸後 祝願 庫司壇勸供 一筵馬廄壇勸供可也)
정진명발후 축원 고사단권공 일연마구단권공가야

(3) 중단 가지변공의 음악적 이해

현행 재 의식에서 등장하는 화청은 크게 상단 축원화청과 중단 축원화청 그리고 불교가사 화청 등 세 가지로 구분할 수 있다. 이와 같은 구분은 현행 영산재의 영향으로 자리 잡은 듯 보이는데 영산작법과 각배상단에 부르는 축원화청을 「상단 축원화청」이라고 하고 각배 중단에 부르는 축원화청은 중단 지장보살에게 축원하는 내용을 담고 있기 때문에 「중단 지장축원화청」이라고 한다.[101] 이와 같은 영향으로 현행 생전예수재의 경우에도 상단 공양의식을 마치고 나면 일반적인 불교가사 화청을 한 후 상단 축원을 하고, 중단 공양의식을 마친 후엔 일반적인 불교가사에 중단 명부성현의 명호를 추가한 화청을 한 후 중단 축원화청으로 이어간다. 물론, 단지 가사에 차이를 둘 뿐 불교가사로 이뤄진 일반적인 화청은 상단과 중단에 모두 포함한다. 이와 같은 일반적인 불교가사 화청은 우리는 흔히 회심곡이라고 한다.

상단과 중단 축원화청의 경우 가사의 차이로 구분하는데 먼저 상단 축원화청의 경우 "공덕 공덕 상래소수불공덕/ 원만 원만 회향삼처 성실원만"(功德 功德 上來所修佛功德/ 圓滿 圓滿 回向三處 聖悉圓滿)으로 시작하고 중단 축원화청의 경우 "원력 원력 지장대성서원력/ 고해 고해 항사중생출고해"(願力 願力 地藏大聖誓願力/ 苦海 苦海 恒沙衆生出苦海)로 그 가사에 차이가 있다.

---

101) 장휘주, 「화청의 두 유형: 축원 화청과 불교가사 화청」, 『이화음악논집』(서울: 이화여자대학교 음악연구소, 2006) 제10집 제2호, 128쪽.

[악보 25] 상단 축원화청[102]

소리: 박송암

채보: 장휘주

박송암이 부른 상단과 중단의 축원 화청은 ♩=100의 빠르기로 진행하며 sol, la, do', re', mi', sol'의 출현음으로 부르는데, 이 중 sol'은 거의 드물게 쓰이고, 주로 sol, la, do', re', mi'로 소리를 끌어간다. 선율은 대부분 6박 두 장단이 하나의 단위를 이루는데, 앞

102) 장휘주, 「화청의 두 유형: 축원 화청과 불교가사 화청」, 『이화음악논집』 제10집 제2호, 151쪽.

[악보 26] 중단 축원화청[103]

소리: 박송암

채보: 장휘주

원 언 려 억 원 언 려 억
願 力 願 力

지 장 대 예 성 서 원 력
地 藏 大 聖 誓 願 力

고 오오 해 해 고 오 해
苦 海 苦 海

하 앙 사 중 생 출 고 해
恒 沙 衆 生 出 苦 海

오 옥 고 옹 오 옥 고 옹
獄 空 獄 空

십 전 조 오 율 지 옥 공
十 殿 調 律 地 獄 空

이 인 가 안 이 이 인 가 아 안
人 間 人 間

어 업 진 주 중 생 방 이 인 간
業 盡 衆 生 放 人 간

마 하 반 야 바 라 밀

103) 장휘주, 「화청의 두 유형: 축원 화청과 불교가사 화청」, 『이화음악논집』 제10집 제2호, 153쪽.

[악보 27] 불교가사 화청[104)]

소리: 장벽응

채보: 장휘주

장단은 sol~do'로 상행하여 mi'나 sol'까지 올라간 다음 뒤 장단에서는 re'~do'~la~sol로 하행하여 종지하기 때문에, 두 장단이 합쳐져서 산형(山型)의 선율형을 이룬다. sol~do' 4도 도약 진행을 빼고는 대부분 do'~re'~do'나 la~sol~la와 같은 순차진행이 많다. 대체로 민요의 경토리와 유사하다.[105)]

장벽응이 부른 「회심곡」은 출현음이 mi, sol, la, do', re', mi'이다. re' do'에서 꺾는 음이 있고, 상행할 때는 mi~la로 4도 진행을 하고

---

104) 장휘주, 「화청의 두 유형: 축원 화청과 불교가사 화청」, 『이화음악논집』 제10집 제2호, 154쪽.

105) 장휘주, 「화청의 두 유형: 축원 화청과 불교가사 화청」, 『이화음악논집』 제10집 제2호, 141쪽.

하행할 때는 la~sol~mi로 sol을 거쳐서 mi로 떨어지며, la로 종지한다. 이런 점으로 보면 장벽응이 부른 「회심곡」은 메나리토리의 특성을 보인다. 반면 메나리토리에서처럼 sol의 시가가 짧게만 나타나는 것이 아니라, 길게 빈번하게 사용되는 점에서는 경토리적인 특성도 보인다.[106)]

이와 같은 화청은 현행 재 의식에서 상단과 중단에서 진행하고 있지만 생전예수재의 경우 중단에 한정하여 봉행할 것을 기술하고 있는 점으로 미뤄 화청의 용도가 재 의식이 발전하는 과정에서 보다 폭 넓게 이뤄진 것으로 짐작할 수 있다.

31) 가지변공편(加持變供篇): 하단

하단 공양의식의 특징은 상、중단의 유치 즉, 발원 내용이 빠져 있다는 데 있다. 이와 같은 구성은 생전예수재의 공양 대상이 중단에 중심을 두고 있음을 확인할 수 있는 것이다. 또한 하단 명부 관리가 도량에 초대된 이유가 중생 구제의 목적이 아닌 참석대중이 갚는 전생 빚을 확인、증명하기 위한 것으로 한정지어 생각할 수 있다. 그러므로 하단에서 공양의식이 끝난 후 합합소를 염송하고 참석대중은 그 증명서를 받는다.

---

106) 장휘주, 「화청의 두 유형: 축원 화청과 불교가사 화청」, 『이화음악논집』 제10집 제2호, 141쪽.

(1) 하단 가지변공편의 음악적 구성

발원에 관한 내용이 없기 때문에 하단 공양의식은 바로 사다라니 바라무를 봉행할 수 있으며 이어 가지게로 이어간다. 참고로 하단 공양의식이 진행하는 동안 해탈문 내에 설치한 마구단에서 변식진언을 삼칠편 외우고 운심게와 공양주、회향주를 염송하여 명부세계로 전생 빚을 옮길 말과 낙타를 대상으로 한 공양의식을 진행한다.[107]

(2) 악기 연주를 표시한 하단 가지변공편

加持變供(篇) [사다라니 바라무],
가 지 변 공 편

108)

香羞羅列齋者虔誠欲求供養之周圓須仗加持之變化
향 수 나 열 재 자 건 성 욕 구 공 양 지 주 원 수 장 가 지 지 변 화

仰唯三寶特賜加持
앙 유 삼 보 특 사 가 지

南無十方佛
나 무 시 방 불

南無十方法
나 무 시 방 법

---

107) 安震湖,『釋門儀範』, 上, 208쪽.

108) 만약 사다라니 바라무를 행하지 않을 경우 요령만 연주하며 진언을 세 번 반복 염송한다.

南無十方僧
나 무 시 방 승

變食眞言
변 식 진 언

나막 살바다타 아다 바로기제 옴 삼바라 삼바라 훔

那莫 薩婆多陀 我多 婆路其帝 唵 三婆羅 三婆羅 吽

施甘露水眞言
시 감 로 수 진 언

나무 소로바야 다타아다야 다냐타 옴 소로소로 바라소로 바라소로 사바하

南無 素魯縛耶 怛他揭多耶 怛姪他 唵 素魯素魯 縛羅素魯 縛羅素魯 娑婆訶

一字水輪觀眞言
일 자 수 륜 관 진 언

옴 밤밤밤밤

唵 鑁鑁鑁鑁

乳海眞言
유 해 진 언

나무 삼만다 못다남 옴 밤

南無 三滿多 沒陀喃 唵 鑁

(四陀羅尼 次 五供養 次誦加持偈)
사다라니 차 오공양 차송가지게

[가지게]

以此加持妙供具 供養天曹地府君
이차가지묘공구 공양천조지부군

以此加持妙供具 供養本命星祿衆
이차가지묘공구 공양본명성록중

以此加持妙供具 供養善惡童子衆
이차가지묘공구 공양선악동자중

以此加持妙供具 供養宅神將軍衆
이차가지묘공구 공양댁신장군중

以此加持妙供具 供養家竈大王衆
이차가지묘공구 공양가조대왕중

以此加持妙供具 供養水草將軍衆
이차가지묘공구 공양수초장군중

以此加持妙供具 供養福祿財祿衆
이차가지묘공구 공양복록재록중

以此加持妙供具 供養食祿命祿衆
이차가지묘공구 공양식록명록중

以此加持妙供具 供養本庫星官衆
이차가지묘공구 공양본고성관중

虔誠拜獻妙供具 不捨慈悲受此供
건성배헌묘공구 불사자비수차공

(普供養呪 回向呪 次讀緘合疏 次 割授齋者祝願云
보공양주 회향주 차독함합소 차 할수재자축원운

馬廄壇勸供于解脫門內設 畵馬十匹 排之壇上 進 熟
마구단권공우해탈문내설 화마십필 배지단상 진 숙

太豆粥 各器排置后 次 變食呪 (三七遍) 次 運心偈及
태두죽 각기배치후 차 변식주 삼칠편 차 운심게급

供養呪 回向呪)[109)]
공양주 회향주

(運心偈)[110)] [내림목탁][111)]
운심게

願此清淨妙供饌 供養幽冥神馬衆
원차청정묘공찬 공양유명신마중

受此妙供大因緣 速離本趣生善道
수차묘공대인연 속리본취생선도

〈평염불〉[112)]

(普供養眞言普回向眞言)
보공양진언보회향진언

(緘合疏)
함합소

109) 가지게가 끝난 후 보공양진언과 보회향진언이 마무리되면 바로 함합소를 읽어 나가는 것을 설명한다. 이와 같이 법당 내에서 공양의식을 진행하는 동안 법당 밖 해탈문에서는 마구단 공양의식을 진행할 수 있다. 의식 진행은 변식진언(사다라니진언)을 시작으로 운심게와 보공양진언, 보회향진언으로 이어간다.

110) 운심게부터 함합소 전까지는 마구단 권공의식이다.

111) 마구단 권공의식은 주로 범패승 혼자 진행한다. 그러므로 의식에 주로 목탁 연주를 하게 되는데 <내림목탁>이란 트릴형식으로 목탁을 크게 치기 시작하여 점점 빠르게 작게 연주하는 것을 말한다. 운심게의 경우 각 7언이 끝날 때마다 목탁을 연주한다.

112) 일자일타로 진언을 세 번씩 염송한다.

[축원성][113]

修設冥司勝會所
수설명사승회소

據 娑婆世界 南贍部洲 海東大韓 某市某洞某番地
거 사바세계 남섬부주 해동대한 모시모동모번지

齋者姓名 伏爲 現增福壽 當生淨刹之願 就於某寺 以
재자성명 복위 현증복수 당생정찰지원 취어모사 이

今月今日 預修十王生七之齋 謹命秉法闍梨一員 及
금월금일 예수시왕생칠지재 근명병법사리일원 급

法事僧幾員 約一夜 楊幡發牒 結界建壇 式遵科儀 嚴
법사승기원 약일야 양번발첩 결계건단 식준과의 엄

備壽生貸欠之錢 廣列香花珍羞之味 上供十方聖賢之
비수생대흠지전 광열향화진수지미 상공시방성현지

尊 中供十王冥府之衆 下及各位案列諸司 次至庫司
존 중공십왕명부지중 하급각위안열제사 차지고사

壇前 普召十二生相諸位聖聰 天曹眞君 地府眞君 本
단전 보소십이생상제위성총 천조진군 지부진군 본

命元神 本命星官 善部童子 宅神土地 五道將軍 家竈
명원신 본명성관 선부동자 택신토지 오도장군 가조

大王 水草將軍 福祿官 財祿官 衣祿官 食祿官 錢祿
대왕 수초장군 복녹관 재록관 의록관 식녹관 전록

官 命祿官 本庫官 廣布法食 備諸香花 一一奉獻 一
관 명녹관 본고관 광포법식 비제향화 일일봉헌 일

一供養 切以一眞凝寂 物我無形 一氣肇分 乃有方位
일공양 절이일진응적 물아무형 일기조분 내유방위

113) 아쉽게도 필자가 수집한 자료에는 합합소에 관한 짓는 표시는 확인할 수 없다. 그러므로 본 연구에서는 현행 생전예수재와 같이 <축원문>을 읽어가듯 소리할 것을 주문한다.

之界 妄明忽起 仍茲壽生之差 今夫某生某名齋者 曾
지계 망명홀기 잉자수생지차 금부모생모명재자 증

於第某庫某司君前 稟受人身之時 貸欠冥間之錢幾貫
어제모고모사군전 품수인신지시 대흠명간지전기관

壽生經金剛經幾卷 已於本命 聖聰前 納於本庫 生於
수생경금강경기권 이어본명 성총전 납어본고 생어

人間 貧富貴賤 修短苦樂 各得其所 以自受用 而今所
인간 빈부귀천 수단고락 각득기소 이자수용 이금소

欠冥錢 某貫 金剛經幾卷 備數準備 還納
흠명전 모관 금강경기권 비수준비 환납

第 某庫某司君前 幸乞納受 第恨無力 不得備數 惟承
제 모고모사군전 행걸납수 제한무력 부득비수 유승

佛力 仗法加持 以僞爲眞 以一 一多無碍 事理雙融
불력 장법가지 이위위진 이일 일다무애 사리쌍융

遍滿刹海之中 我以如是 諸佛法力 悉令具足 伏祈
편만찰해지중 아이여시 제불법력 실영구족 복기

聖聰 照察領納 緘合者 謹疏
성총 조찰영납 함합자 근소

佛紀二千九百 十 年干支 月 日 秉法沙門 某印
불기이천구백 십 년간지 월 일 병법사문 모인

 [몰아뛰기]

(緘合疏讀后折半割授以證后考也)[114]
함합소독후절반할수이증후고야

114) 함합소를 읽고 난 후 그 절반을 잘라 참석대중에게 증명으로 나눠 준다.

32) 공성회향편(供聖回向篇)

지금의 공성회향편은 정례로 의식을 진행할 경우에 해당한다. 내용은 지금까지 설행한 모든 의식이 원만하게 진행한 것이 모두 불、보살의 가피임을 다시 한 번 확인하고 이어 참석대중은 수명과 복이 늘어나고 성불을 이룰 것을 발원한다.

(1) 공성회향편의 음악적 구성

내용의 전개와 목적으로 봐서 공성회향편은 유치성으로 진행함이 마땅하다. 그러나 약례의 공성회향편의 경우 짓는 표시가 전해지고 있으나 정례의 공성회향편의 경우 아직 발견하지 못했다. 『석문의범』엔 공성회향편에서 이후 법당 밖에서 행해질 회향의식을 설명하고 있어 회향의식에 보다 큰 비중을 두고 있음을 알 수 있다.

(2) 악기 연주를 표시한 공성회향편

供聖回向(篇) [유치성]
공성회향 편

上來 普集大衆 諷誦大悲陀羅尼 諸部神呪 加持淨湌
상래 보집대중 풍송대비타라니 제부신주 가지정찬

供養地藏菩薩 六光菩薩 六大天曹 梵釋四王 酆都大
공양지장보살 육광보살 육대천조 범석사왕 풍도대

帝 爲首 十殿冥王 冥府等衆 諷誦金剛經 壽生經 圓
제 위수 십전명왕 명부등중 풍송금강경 수생경 원

滿功德 將此殊因 普皆回向 修齋施主 及諸有情 現增
만공덕 장차수인 보개회향 수재시주 급제유정 현증

福壽 當生淨土 所求如願 一一成就 種智頓明 俱成正
복수 당생정토 소구여원 일일성취 종지돈명 구성정

覺
각

念十念[115)][몰아뛰기][116)]
염십염

(諸位奉送準備 器皿威儀執奉于門外行秉法讀 供聖
제위봉송준비 기명위의집봉우문외행병법독 공성

回向篇后 齋者侍位牌行次 施食法主及末番引導立於
회향편후 재자시위패행차 시식법주급말번인도입어

庭中也)[117)]
정중야

(次鍾頭奉庫司牌堂佐奉花香燭 次法主至 庫司壇引
차종두봉고사패당좌봉화향촉 차법주지 고사단인

導立於庭外也)
도입어정외야

115) 이때는 주로 목탁만으로 열 번 "나무아미타불"을 염송할 것을 주문한다.

116) "나무아미타불"을 염송할 경우 때에 따라서는 목탁만으로 연주할 수 있지만 법당 내에서 봉행하는 의식의 마무리를 뜻하므로 몰아뛰는 쇠를 연주한다.

117) 이후에 기술된 내용은 야외 회향의식을 위한 준비과정을 설명한 것이다.

(次使者童子位牌堂佐侍 鬼王將軍判官 不知名位等
차사자동자위패당좌시 귀왕장군판관 부지명위등

牌 普請堂佐及副鍾頭等次次侍 十王牌副記事侍酆都
패 보청당좌급부종두등차차시 십왕패부기사시풍도

牌 察衆侍壇主及中番引導立於內庭中右邊)
패 찰중시단주급중번인도입어내정중우변

(次經堂佐侍梵釋天王牌首堂佐侍天曹牌上鍾頭侍道
차경당좌시범석천왕패수당좌시천조패상종두시도

明無毒牌上記事侍六光牌維那侍 入輦三身牌 壇主及
명무독패상기사시육광패유나시 입연삼신패 단주급

上番引導立於內庭中佐邊可也)
상번인도입어내정중좌변가야

(次 秉法唱敬伸奉送篇后 庫司引導先唱奉送偈)
차 병법창경신봉송편후 고사인도선창봉송게

33) 경신봉송편(敬伸奉送篇)

지금까지 진행한 생전예수재의 끝을 알리고 이제 초대했던 모든 성현을 봉송(奉送)하며 회향의식의 시작을 알리는 것이 바로 경신봉송편이다.

(1) 경신봉송편의 음악적 구성

불、보살을 비롯한 명부성현과 관리에게 고하는 내용을 담고 있기 때문에 유치성을 바탕으로 진행한다. 각 대상의 명호를 불러 그 위패를 봉송단에 모실 경우, 태징과 목탁、요령을 중심으로 연주한다. 또한 평염불을 시작할 경우 태평소를 연주하여 회향 분위기를 돋우는 것이 중요하다.

(2) 악기 연주를 표시한 경신봉송편

敬伸奉送(篇) [유치성]
경신봉송편

上來 法筵告罷 能事已圓 欲伸發遣之儀 須謝降臨之慶 伏願 幡花分道 俱還起於淨筵 樓閣乘空 並各歸於眞界 我今奉送聖人 有偈當以宣揚 請諸大衆 異口同音 隨我今說 [세망치]
상래 법연고파 능사이원 욕신발견지의 수사강림지경 복원 번화분도 구환기어정연 누각승공 병각귀어진계 아금봉송성인 유게당이선양 청제대중 이구동음 수아금설

奉送地藏六光尊 拔苦與樂度衆生[세망치]
봉송지장육광존 발고여락도중생

奉送道明無毒尊 助揚眞化利有情[세망치]
봉송도명무독존 조양진화이유정

奉送應化六天曹 大權示迹濟衆生[세망치]
봉송응화육천조 대권시적제중생

奉送梵釋四王衆 實報酬因利人間[세망치]
봉송범석사왕중 실보수인이인간

奉送國王龍神衆 各離邪見得佛身[세망치]
봉송국왕용신중 각리사견득불신

奉送酆都大帝衆 回向菩提無上果[세망치]
봉송풍도대제중 회향보리무상과

奉送十殿冥王衆 速證如來正法身[세망치]
봉송십전명왕중 속증여래정법신

奉送判官鬼王衆 各離業道證菩提[세망치]
봉송판관귀왕중 각리업도증보리

奉送庫官司君衆 悉發菩提得三昧[세망치]
봉송고관사군중 실발보리득삼매

奉送將軍童子衆 悉除熱惱得淸凉[세망치]
봉송장군동자중 실제열뇌득청량

奉送使者諸眷屬 遠離憂患常安樂[세망치]
봉송사자제권속 원리우환상안락

我於他日建道場 不違本誓還來赴[세망치]
아어타일건도량 불위본서환래부

[개탁성][118)]

上來 施食念佛 諷經功德 離妄緣耶 不離妄緣耶 離妄
상래 시식염불 풍경공덕 이망연야 불리망연야 이망

118) 본래 개계성으로 염불해야 하나 이때는 개계성을 줄인 개탁성으로 의식을 진행한다.

緣則 天堂佛刹 任意逍遙 不離妄緣則 更聽山僧 末後
연즉 천당불찰 임의소요 불리망연즉 갱청산승 말후

一偈
일게

〈평염불〉

四大各離如夢中 六塵心識本來空
사대각리여몽중 육진심식본래공

欲識佛祖回光處 日落西山月出東
욕식불조회광처 일락서산월출동

(誦后 念十念次往生偈燒錢呪上品上生呪及奉送眞言
송후 염십념차왕생게소전주상품상생주급봉송진언

次庫司壇主唱化財受用篇引導唱化財偈云也)[119]
차고사단주창화재수용편인도창화재게운야

(罷散偈) 〈평염불〉
파산게

火湯風搖天地壞 遙遙長在白雲間
화탕풍요천지괴 요요장재백운간

一聲揮破金城壁 但向佛前七寶山[염불마침쇠]
일성휘파금성벽 단향불전칠보산

---

119) "염송에 이어 왕생게와 소전진언, 상품상생진언, 봉송진언을 염송하고 고사단주는 화재수용편을 소리한다. 인도승은 화재게를 염송한다" 이와 같은 설명은 회향의식을 진행하는 데 법주스님 한 사람이 진행하기보다는 여러 범패승이 분담하여 진행할 것을 주문하는 것으로 여겨지는데 회향의식은 상황에 따라 얼마든지 달라질 수 있다. 다만 의식을 분담하는 과정에서 생략하거나 뛰어넘어서 진행하는 것보다는 기술된 절차대로 진행하는 것이 가장 올바른 방향일 것으로 여긴다.

34) 화재수용편(化財受用篇)

모든 성현을 봉송하였다면 화재수용편을 통해 금일 생전예수재에서 쓰인 금은전을 비롯한 경전 일체를 소(燒)하여 명부세계로 띄워 보낸다.

(1) 화재수용편의 음악적 구성

의식의 소리구성은 현행 관욕의식의 가지화의편(加持化衣篇)에 등장하는 "무상비밀지언(無上秘密之言)", "가지명의(加持冥衣)", "원차일의(願此一衣)" 등에서 의(衣)를 재(財)로 바꿔 소리하는 것 외엔 큰 차이가 없어 편게성으로 진행한다.

(2) 악기 연주를 표시한 화재수용편

化財受用(篇) [편게성]
화재수용편

復以無上秘密之言 加持冥財 願此一財 爲多財 以多
부이무상비밀지언 가지명재 원차일재 위다재 이다

財 爲無盡之財 用充本庫 受用無窮 下有化財之偈 大
재 위무진지재 용충본고 수용무궁 하유화재지게 대

衆隨言后和 [세망치]
중수언후화

(化財偈) 화재게

願諸佛以神通力[세망치]
원제불이신통력

加持冥財遍法界[세망치]
가지명재편법계

願此一財化多財 普遍冥府用無盡 〈평염불〉[120]
원차일재화다재 보편명부용무진

〈평염불〉

燒錢眞言[121]
소전진언

나무 사만다 못다남 옴 바자나 비로기제 사바하

南謨 娑曼多 沒多南 唵 婆左那 毗盧其帝 娑婆訶

〈평염불〉

獻錢眞言
헌전진언

옴 아자나 훔 사바하[염불마침쇠]

唵 我自那 吽 娑婆訶

120) 게송이 끝나면서 <평염불>로 이어 간다.

121) 일자일타 <평염불>로 진행할 경우 진언의 명칭은 반드시 소리하며 진행하고 진언만 세 번 반복한다.

35) 봉송명부편(奉送冥府篇)

명부관리를 봉송하는 의식인 봉송명부편은 그 대상을 하단 명부관리로 한정한다.

(1) 봉송명부편의 음악적 구성

명부관리를 대상으로 하고 있기 때문에 편게성을 중심으로 의식을 진행한다.

(2) 악기 연주를 표시한 봉송명부편

奉送冥府(篇) [편게성]
봉송명부편

上來召請 諸大聖衆 陰府靈官 不捨慈悲 已赴請筵 特
상래소청 제대성중 음부영관 불사자비 이부청연 특

賜降臨 受沾供養 饒益我等 能事已圓 今當奉送 各還
사강림 수첨공양 요익아등 능사이원 금당봉송 각환

本位 我佛有 奉送多羅尼 謹當宣念
본위 아불유 봉송다라니 근당선념

(此壇所呈物 燒送時誦下句)
차단소정물 소송시송하구

〈평염불〉

十殿兀兀還本位 判官扈從歸各店
십전올올환본위 판관호종귀각점

童子徐徐次第行 使者常常行次到
동자서서차제행 사자상상행차도

奉送冥府禮拜間 錢爲燒盡風吹歇
봉송명부예배간 전위소진풍취헐

消災降福壽如海 永脫客塵煩惱焰[염불마침쇠]
소재강복수여해 영탈객진번뇌염

(次 消災呪后奉送眞言 次三寶佛牌三身幡等燒送時
차 소재주후봉송진언 차삼보불패삼신번등소송시

次誦)122)
차송

十方諸刹海[세망치]
시방제찰해

莊嚴悉圓滿[세망치]
장엄실원만

願須歸淨土 哀念忍界人[세망치]
원수귀정토 애염인계인

122) "소재주"는 「불설소재길상다라니」를 말하는데 상상단 위패를 봉송할 때 봉송진언과 같이 염송한다.

36) 보신회향편(普伸回向篇)

생전예수재가 원만하게 회향함이 곧 모든 불、보살의 가피임을 확인하여 그 대상을 찬탄하고 참여한 인연 공덕의 기쁨을 밝히며 더 나아가 더욱 정진할 것을 발원하는 보신회향편은 생전예수재 의식의 끝을 의미한다.

(1) 보신회향편의 음악적 구성

삼보(불、법、승)전에 발원하는 내용을 담고 있기 때문에 유치성을 기본으로 진행한다.

(2) 악기 연주를 표시한 보신회향편

普伸回向(篇) [유치성]
보 신 회 향 편

上來勝會 並已周圓 凡聖歡喜 共樂無爲之化 檀那
상래승회 병이주원 범성환희 공낙무위지화 단나

慶讚 同彰有德之名 存亡眷屬 皆安隨喜 助緣俱利
경찬 동창유덕지명 존망권속 개안수희 조연구리

有 如斯難逢難遇之德 獲 如斯大慶大幸之恩 大衆
유 여사난봉난우지덕 획 여사대경대행지은 대중

虔誠 奉辭聖衆 一心稽首 用伸回向 [세
건성 봉사성중 일심계수 용신회향

망치]

歸依三寶竟[세망치]
귀 의 삼 보 경

所作諸功德[세망치]
소 작 제 공 덕

施一切有情
시 일 체 유 정

皆共成佛道[거불 · 연결쇠][세망치]
개 공 성 불 도

南無歡喜藏摩尼寶積佛[세망치]
나 무 환 희 장 마 니 보 적 불

南無圓滿藏菩薩摩訶薩[세망치]
나 무 원 만 장 보 살 마 하 살

南無回向藏菩薩摩訶薩[거불 · 연결쇠][세망치]
나 무 회 향 장 보 살 마 하 살

(回向偈)
회 향 게

普願衆生苦輪海[세망치]
보 원 중 생 고 륜 해

揔令除熱得淸凉[세망치]
총 령 제 열 득 청 량

皆發無上菩提心
개 발 무 상 보 리 심

同出愛河登彼岸[몰아뛰기]
동 출 애 하 등 피 안